KB272766

피지: 정적과 혼돈의 섬

피지:
정적과 혼돈의 섬

Republic of the Fiji Islands

■ 김웅진 지음

이 작은 책은 남동태평양의 섬나라 피지Republic of the Fiji Islands가 지난 4,000여 년 동안 걸어온 험난한 여정을 소개하기 위해 만든 것이다. 글쓴이는 2008년 10월 피지의 수도 수바Suva에 위치한 사우스 퍼시픽 대학교University of the South Pacific 사회과학부에서 객원학자 Visiting Scholar의 자격으로 4주 동안 머문 경험이 있다. 어린 시절부터 바다를 좋아했던 글쓴이는 영국 해양소설 『바운티 호의 반란 *Mutiny on the Bounty*』을 읽고 큰 감명을 받아 언젠가는 꼭 남태평양에 가 보리라 마음먹고 있었다. 꿈이 뒤늦게 이루어져, 바운티 호에서 쫓겨난 블라이 선장Captain William Bligh이 작은 쪽배에 자신을 따르던 선원들을 싣고 인도네시아 동쪽 끝자락 티모르Timor로 가던 길에 잠시 지나친 피지를 방문하게 된 것이다. 특히 이 소설은 실화에 바탕을 둔 것이기 때문에, 수바의 피지박물관Fiji Museum에서 반란자들이 핏케언Pitcairn 섬으로 끌고 가 불태워 버린 바운티 호의 키를 직접 보았을 때 거친 파도와 폭풍을 뚫고 무려 6,700km를 성공적으로 항해한 블라이 선장의 담대함에 새삼 감탄하지 않을 수 없었다.

정치학연구방법론을 공부하는 글쓴이가 전공분야와 별 관계없는 피지 역사에 관해 이야기하게 된 것은 짧은 체류 기간 동안 받은 충격 때문이다. 그 충격은 아주 단순했다. 현대 정치학이 기반을 두고 있는 가정과 전제들이 무너져 버리는 것을 직접 목격한 것이다. 특히 '예외적 사실'을 애써 외면하고 모든 현상을 형해화[形骸化], 일반화하려는 경험과학연구empirical research가 이 작은 나라의 비극 앞에서 얼마나 허망한 것이 되어 버리는지 깨달았다. 뒤이어 이 책을 쓰면서 답을 찾으려 애쓴 한 가지 의문에 사로잡혔다. 억압받는 사람들, 헐벗은 사람들, 아무도 돌아보지 않는 사람들의 모습을 명확히 이해하지 않고서 무슨 '정치학'을 할 수 있으며 어떻게 '민주주의'를 말할 수 있다는 것인가?

피지는 결코 함께 존속할 수 없다고 여겨지는 현대 민주주의 정치제도와 족장[族長]의 전통적 헤게모니가 교묘하게 결합되어 있는 나라, 극심한 인종차별과 정치불안정에 사로잡혀 있는 나라다. 그러나 대부분의 사람들에게 피지는 단지 일곱 가지 색의 잠잠한 바다에 둘러싸인 아름다운 관광지일 뿐이다. 바로 그렇기 때문에 피지는 '관광 천국'과 '쿠데타 천국'이라는 서로 다른 두 개의 얼굴을 갖고 있다. 이 혼돈의 섬, 또 한편으로는 정적[靜寂]의 섬이 진정한 의미에 있어서 민주화에 성공하기를 바라는 마음에서 글을 썼다.

또 글쓴이는 유감스럽게도 연구와 강의를 목적으로 피지를 방문한 최초의 한국인 정치학자다. 이는 우리 정치학 연구의 지역적 범주가 구미[歐美] 선진국을 필두로 한 큰 나라들에 제한되어 왔다는 사실을 보여 주는 좋은 예라고 말할 수 있다. 이제 아무도 관심을 갖지 않던 멀고도 작은 나라에 눈을 돌려 우리 정치학 연구의 지평을 확장해야 한다. 왜냐하면 전통의 신화와 엄혹한 관습적 헤게모니의 족쇄를 벗어나려 애쓰는 작은 나라의 정치적 역동을 관찰함으로써 민주주의의 확립에 요구되는 보편적 조건을 찾을 수 있기 때문이다.

비록 읽을 수는 없겠으나 사우스 퍼시픽 대학교의 산드라 타트 박사Dr Sandra Tarte와 비제이 나이두 교수Prof Vijay Naidu에게 이 책을 보여 주고 싶다. 사회과학부장이었던 타트 박사는 일면식도 없는 글쓴이가 사우스 퍼시픽 대학교를 방문하고 싶다는 전자우편을 보내자 초청, 숙소와 연구실 배정, 특강[特講] 주선 등 체류에 필요한 모든 복잡한 일들을 신속하게 처리해 주었다. 나이두 교수는 피지 정치사회에 관한 글쓴이의 끝도 없는 질문에 친절히 답해 주었을 뿐만 아니라, 자신의 글을 우리말로 옮겨 소개하는 데 흔쾌히 동의해 주었다. 열대의 현란한 녹색 캠퍼스에 머무는 내내 좋은 친구이자 도우미가 되어 준 인도-피지언Indo-Fijian 아주머니 조세핀Josephine에게도 감사의 말을 전하고 싶다. 마지막으로 한국의 대학원에서 공부하기를 간절히 원했지만 경제사정이 여의치 않아 포기해 버린 왈리Wally에게 꿈을 이룰 수 있는 기회가 주어지기 바란다.

대한항공Korean Air이 난디Nadi 국제공항으로 직항함에 따라 피지를 방문하는 한국 관광객과 유학생의 수가 점차 늘고 있다. 우리 정부의 국제협력단KOICA을 통해 파견되는 자원봉사자도 꽤 있다고 들었다. 그러나 이들을 도와줄 수 있는 책으로는 지극히 피상적인 여행안내서 한 권이 나왔을 뿐이다. 아무쪼록 이 책이 비단 민주주의를 공부하는 정치학도뿐만 아니라 피지 여행을 계획하고 있는 신혼부부, 낯선 곳으로 영어공부를 하러 떠나는 어린 학생과 그 부모, 칭찬받아 마땅한 젊은 자원봉사자에게도 좋은 '피지 길잡이'가 되기 바란다.

2009년 6월
한국외국어대학교 이문동 캠퍼스 연구실에서
글쓴이

► 원고를 작성하는 데 주로 참고한 책은 피지 정치 연구의 대가인 Brij V. Lal의 *Islands of Turmoil, Election and Politics in Fiji*(Canberra: ANU E Press and Asia Pacific Press, 2006)와 University of the South Pacific에서 피지 역사 교재로 사용하고 있는 T. A. Donnelly, M. Quanchi, G. J. A. Kerr 공저 *Fiji in the Pacific*(Milton: John Wiley & Sons Australia, 1994) 등 두 권임을 밝혀 둔다.

► 이 책은 학술서적과 교양서적의 성격을 함께 갖고 있기 때문에 각주와 참고문헌을 첨부하되 반드시 필요한 것만을 골랐다.

► 본문에 들어 있는 피지어는 지명과 인명을 제외하고 모두 이탤릭체로 표기했다.

► 피지어 발음의 우리말 표기는 아래와 같이 통용되는 원칙을 따랐다.

1. 자음

b	[mb]	tabu[탐부]: 타부, 금기
c	[ð]	cakacaka[다카다카]: 일
d	[nd]	Nadi[난디]: 도시명
g	[ŋ]	gone[응오네이] → 비음(鼻音): 아이
q	[ŋg]	mataqali[마탕갈리] → 비음(鼻音): 가문

2. 모음

a	[a]	kana[카나]: 먹다
e	[ei]	sega[세잉가]: 아니요
i	[i:]	io[이 − 오우]: 네
o	[ou]	kuro[쿠로우]: 항아리
u	[u:]	turaga[투 − 랑아]: 남자

두 개의 얼굴을 가진 피지

피지 하면 제일 먼저 떠오르는 것이 무엇일까? 이 나라 국가 제3절이 노래하듯 "금빛 백사장과 찬란한 햇빛shores of golden sand and sunshine"이 넘치는 남태평양의 아름다운 관광천국일 것이다. 그러나 이것이 과연 피지의 진정한 모습일까? 혹 피지가 심각한 사회불안정에 휩싸인 "쿠데타의 땅coup coup land"[1]이라 하면 믿을 수 있겠는가?

피지 국기

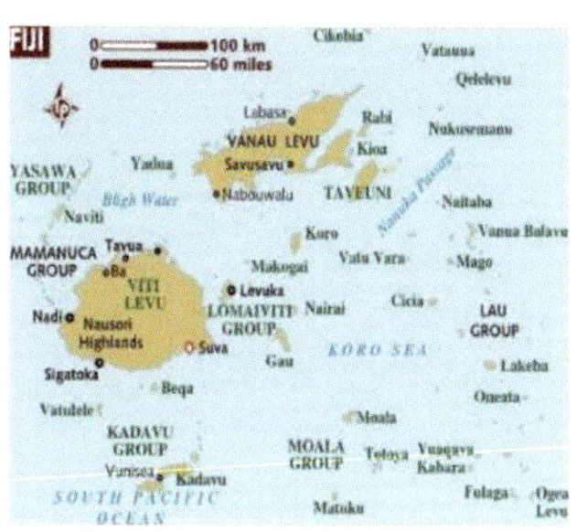

피지 지도

흔히 생각하는 것과 달리, 오스트레일리아 시드니Sydney에서 북동

---

1) Naidu, V. 2007. "Coups in Fiji: Seesawing democratic multiracialism and ethno-nationalist extremism." *Pacific Connection* 26, p.24.

쪽으로 3,175km 떨어진 **피지 도서공화국**Republic of the Fiji Islands은 서로 다른 두 개의 얼굴을 갖고 있다. 322개의 섬과 522개의 **환초**[環礁]로 이루어진 이 작은 나라는 산호해안Coral Coast과 마마누다 군도Mamanuca Group에 펼쳐진 환상적 리조트들을 자랑하는 천혜의 관광지인 동시에, 빈곤, 인종차별과 **군사 쿠데타**로 얼룩진 정치적 비극의 무대이기도 하다.

피지의 환초

보모 섬

그러나 데나라우 부두Port Denarau에서 **보모 섬**Vomo Island으로 떠나는 배를 기다리며 신혼의 꿈에 부푼 한국의 젊은이들, 조용한 해변에서 일곱 가지 색깔로 물든 바다를 바라보며 피지가 자랑하는 맥주 피지 비터Fiji Bitter를 즐기는 오스트레일리언 노부부들, 난디 중심가의 커다란 토산품 가게에서 **타파**tapa와 코코넛 비누를 고르며 떠들어대는 뚱뚱보 미국 아저씨들, 수도 수바Suva 외곽에 자리 잡은 화장품 회사 퓨어 피지Pure Fiji의 아웃렛에서 강한 **프랜지파니**frangipani 꽃향기가 넘치는 보디로션을 고르는 일본 아줌마들은 이 땅의 순박한 사람들이 얼마나 처절한 삶을 살고 있는지 알지 못한다. 130여 년 전 사탕수수 농장과 목화 플랜테이션의 계약노동자로 건너온 인도-피지언들Indo-Fijians이 얼

타파

프랜지파니

마나 가혹한 차별을 받아 왔는지도 모른다. 족장chief의 끔찍한 몽둥이 아래에서 폴리네시언Polynesian과 멜라네시언Melanesian의 피가 섞여 검고 기골이 장대한, 그러나 순박한 원주민들이 숨죽이며 살아야 했던 현실은 리조트의 현란한 조명 뒤에 감추어져 있다. 일요일만 되면 교회와 시내 광장과 체육관을 가득 메운 원주민 기독교 신자들이 과연 신에게 무엇을 구하며 부르짖는지 알고 있는 외지인은 거의 없다. 아름다운 피지의 얼굴에만 관심을 두기 때문이다.

글쓴이가 인천 공항을 떠난 지 거의 열 시간 만에 피지의 난디 국제공항에 도착한 것은 2008년 10월 2일 이른 아침. 시골 기차역 같은 '국제공항'에서 다시 에어 퍼시픽Air Pacific의 조그마한 쌍발 프로펠러 여객기를 타기 위해 무려 다섯 시간이나 기다렸다. 40여 분을 날아 수도 수바 외곽 나우소리Nausori 공항에 내린 것은 오후 세 시. 비좁은 이코노미 석과 고소공포증에 지친 몸을 끌고 수다쟁이 조Joe가 모는 낡아빠진 일제 혼다 택시에 올라탔다.

최종목적지 사우스 퍼시픽 대학교University of the South Pacific에서 글쓴이를 기다리던 사회과학부장 산드라 타트Sandra Tarte 박사의 첫 마디는 "피지로 오신 것을 환영합니다Welcome to Fiji." 그 후 4주 동안 글쓴이는 한국인 정치학자로서는 최초로 피지의 '또 다른 얼굴'을 볼 수 있는 기회를 얻었다. '부자 나라' 한국에서 온 글쓴이를 호기심 가득한 눈으로 바라보는 학생들을 가르치면서, 교수들과 피지 정치사회의 변화과정에 대해 얘기를 나누면서, 수바 - 난디를 연결하는 퀸즈 로드Queens Road를 따라 드문드문 펼쳐진 가난한 마을들을 지나치면서 글쓴이는 피지에 조금씩 다가갔다.

이 책은 지난 4,000여 년 동안 피지 사람들이 살아온 모습을 스케치한 사생화[寫生畵]이다. 즉, 글쓴이는 이 작은 한 권의 책 속에 그 옛날 모험심이 넘치는 검은 사람들이 인도네시아 반도 서쪽 끝에서 카누canoe를 타고 광활한 남태평양의 외로운 섬들을 향해 떠나는 모습으로부터 시작해서 비티Viti[2]라 불리는 작은 군도[群島]에 정착하는 모습, 유럽의 해양탐험가들과 장사꾼들이 무려 3,700년 동안 외부로부터 격리되어 살아온 사람들을 뒤흔들어 놓는 모습, 1874년부터 1970년까지 96년 동안 지속된 영국 식민통치 아래에서 국가의 모습이 갖추어지는 모습, 독립 후 무려 다섯 차례에 걸쳐 발생한 **쿠데타**에도 불구하고 민주정치질서가 조금씩 정착되는 모습을 담아 보려 한다.

---

2) 본래 피지의 여러 섬과 왕래가 잦았던 통아Tonga 사람들이 피지를 이렇게 불렀음. 17세기 후반에 이 지역으로 온 영국의 제임스 쿡 선장과 같은 유럽인 해양탐험가들이 이를 잘못 듣고 피지로 발음하게 되어 오늘날에 이름.

피지의 쿠데타 군(2006)

    글쓴이가 이 책을 쓰게 된 가장 큰 목적은 피지에서 보낸 시간 내내 머릿속을 맴돌던 한 가지 의문을 독자들과 함께 풀어 보기 위함이다. 오늘날 피지는 적어도 겉으로는 엄연한 의회민주주의parliamentary democracy 국가다. 물론 이는 피지가 의회민주주의의 전형[典型 prototype]인 웨스트민스터 모델Westminster model을 자랑하는 영국의 식민통치를 받았고, 또 독립과 국가건설 과정에서 영국의 도움이 컸기 때문이라고 할 수 있다. 그러나 피지는 보통 의회민주주의 국가에서는 도저히 상상할 수 없는 정치질서와 제도를 갖고 있다. 예컨대 전국에 흩어져 있는 부족들을 대표하는 족장들로 이루어진 족장대평의회Bose Levu Vakaturaga(Great Council of Chiefs)라는 헌법기관이 대통령을 지명하고 상원의원 후보를 추천한다. 인종투표communal voting 와 자유투표free voting가 혼합된 이상한 선거제도도 있다. 게다가 하원의 의석은 인종에 따라 나뉘어 언제나 원주민 의석이 가장 많다. 원주민의 정치적 우위를 보장하기 위해서이다. 그런데 우리가 보기에 이처럼 불공평한 정치질서에 의문을 표하는 피지 사람은 그리 많지 않다. 물론 지독스러운 차별을 받아 온 인도-피지언 정치인들, 민주주의를 지향하는 소수의 시민단체들과 지식인들은 악명 높은 '인종정치ethnic politics'를 없애기 위해 무척 애쓰고 있지만 보통 사람들은 거의 관심이 없다. 옛날부터 그래 왔던 것처럼 족장의 말, 원주민 정부의 지시를 충실히 따를 뿐이다. 족장의 절대적 힘에 바탕을 둔 원시적 부족정치질서와 인종차별, 현대적 의회민주주의 제도가 그런대로 잘 융합되어 있는 셈이다.

정치학자들은 대개 민주주의 제도가 도입되면 비민주적인 옛 정치질서가 새로운 제도에 맞추어 변하게 마련이라고 생각한다. 시간이 걸리겠지만 그래도 결국에는 민주주의 제도에 적합한 정치적 행동양식과 관념이 형성된다는 것이다. 그러나 피지는 이러한 생각을 정면으로 거부한다. 그렇다면 정치학자들의 생각이 틀린 것인가? 왜 피지에서는 들어맞지 않는가? 당장은 그렇지 않지만 피지 역시 다른 나라가 걸어온 민주주의로의 길을 따라갈 것인가?

이 책은 정치나 정치학에 관심을 가진 독자만을 위해 쓰인 것이 아니다. 글쓴이가 염두에 두고 있는 독자 중에는 피지 여행을 계획하고 있는 사람도 있다. 그런데 어떤 나라로 여행을 떠나기에 앞서 그 나라에 관해 깊이 공부하는 사람은 그리 많지 않다. 공부를 하지 않고 가도 재미있기 때문이다. 관광가이드를 따라가 볼거리를 보고, 정해진 식당과 가게에서 밥을 먹고 선물을 산 다음 마음 편히 한국으로 돌아올 수 있기 때문이다. 그런 여행은 별 소득이 없다. 남는 것이란 이름도 잘 기억나지 않는 명승지에서 찍은 수십 장의 사진 뿐이다. 누가 그 나라에 관해 물으면 해 줄 말이 별로 없다.

공부를 하지 않고 외국 여행을 떠나도 무엇인가를 볼 수는 있다. 그렇지만 그저 '보기 위해' 가면 깨닫지도 못한 채 큰 실수를 하게 마련이다. 예컨대 피지 사람은 신앙심이 매우 크다. 원주민은 99% 이상 기독교 신자이며 인도-피지언 역시 거의 모두 독실한 힌두 교도이다. 상당히 보수적이라는 뜻. 그렇기 때문에 피지를 여행할 때에는 행동과 차림에 조심해야 한다. 물론 관광지에서는 조금 편하게 지내도 된다. 흉포하기 짝이 없던 옛날 식인종[3]과 달리 요즈음의 피지 사람은 아주 친절해서 외국인에게 대놓고 싫은 내색을 하지 않기 때문이다.

그러나 관광지를 벗어나면 이야기가 달라진다. 비교적 '현대화' 된 수도 수바의 중심가에서, 또 젊은 학생들로 넘치는 사우스 퍼시픽 대학교 교정에서조차 미니스커트를 입은 피지 아가씨를 보기란 거의 불가능하다. 따라서 평범한 피지 사람이 노출이 심한 옷을 입은 외국인을 보고 어떻게 생각할지 추측하기란 그리 어렵지 않다. 또 물어도 될 것이 있는가 하면 그렇지 않은 것도 있다. 촌락을 방문할 때 갖추어야 할 나름대로의 격식과 예법도 있다. 글쓴이는 섬에서 나오는 배에서 노출이 심한 복장을 하고 엉터리 영어를 섞어 큰소리로 떠들어대는 우리나라 신혼부부 관광단을 보고 원주민들이 수군거리는 말을 들은 일이 있다. 옮기기 정말 낯부끄러운 내용. 따라서 현지인과 현지문화가 지닌 '다름'의 의미를 깨닫고 그것을

---

3) 옛 피지 부족들은 끊임없이 전쟁을 벌이며 서로 잡아먹기까지 했다. 이러한 야만성과 흉포성 때문에 유럽인들은 18세기에 이르기까지 피지를 '식인종의 섬Cannibal Isles'이라 부르며 접근 하기를 주저했다.

'존중'할 때 비로소 외국 여행을 **다녀왔다**고 말할 수 있다. 피지 여행 역시 마찬가지이다. 피지의 속살을 제대로 이해하려면 공부가 필요하다.

피지를 방문하려는 사람은 피지의 오랜 역사와 사회문화적 배경, 피지 사람의 관념과 세계관을 어느 정도 이해하고 떠나기 바란다. "님불라*nibula*[안녕하세요]", "비나카 바카 레이부*Vinaka vaka levu*[정말 고맙습니다]"와 같은 피지 인사말 한두 마디를 익혀 두는 것도 좋다. 관광객이 피지 전문가나 남태평양 전문가가 될 필요는 없지만 적어도 최소한의 예의와 상식은 갖추어야 하지 않겠는가? 한국으로 돌아와 아름다운 남태평양 섬에서 만났던 순박한 사람들과 그들이 리조트 뒷문 밖에서 영위하고 있는 처연한 삶을 떠올리며 자연과 인간, 사회제도와 인간, 근대와 전통 사이에 존재할 수밖에 없는 본연적 갈등을 생각해 본다면 피지 여행은 대성공이다.

물론 이 작은 책 한 권에 길고도 긴 시간 동안 피지 사람들이 살아온 모습을 모두 담을 수는 없다. 글쓴이는 다만 한 명의 이방인으로서, 그리고 여러 계층에 속한 피지 사람들과 제법 길게 대화해 본 한국인 정치학자로서 피지 역사를 요약해 보려 한다. 이제 이야기를 본격적으로 진행하려면 약간의 소개가 필요한데, 먼저 피지가 어디 있는지, 날씨는 어떤지, 어떤 사람들이 어떤 말을 쓰고 있는지 간략하게 살펴보는 것이 순서일 것이다. 또 오늘날 피지 정치경제가 갖고 있는 모습도 대강 알아 두어야 한다. 이러한 정보들은 모두 아래 표에 들어 있다.

① 피지의 위치와 국토

위치	► 오세아니아, 남태평양 도서군 (남위 18.10, 동경 178.27) ► 시드니 북동쪽 3,175km ► 호놀룰루 남서쪽 5,152km
국토	► 면적: 18,274㎢(경상북도 크기) ► 구성: 322개 도서(무인도 216개), 522개 환초 ► 해안선: 총 1,129km ► 지형: 대부분 화산분출로 형성된 산악지대, 열대우림tropical rainforests

피지의 위치

② 피지의 시간과 기후

시간	► 그리니치 표준시 + 12시간 ► '세계에서 가장 먼저 해가 뜨는 나라'
기후	► 열대해양성 기후 ▷ 건기(겨울, Austral Winter): 5월~11월 – 평균 최고기온: 28°C – 무역풍(trade wind, 동남→동)으로 인해 선선함. ▷ 우기(여름, Austral Summer): 12월~4월 – 평균 최고기온: 31°C – 고온 다습, 사이클론Cyclon 내습 ▷ 강수량: 해안 2,000~3,000㎜ / 년, 산악지대 6,000㎜ / 년

③ 피지 사람들

총인구	► 2008년 7월 현재 약 931,000명(추정치)
인종	► 피지 원주민, 인도 – 피지언, 백인을 포함한 여타 종족 등 크게 세 가지 부류. ► 인종구성비(2007년 현재) ▷ 멜라네시언과 폴리네시언이 혼합된 원주민 54% ▷ 식민시대에 유입된 인도 – 피지언 38% ▷ 다양한 배경을 지닌 백인, 로투마 섬사람Rotumans, 중국인, 솔로몬 제도 Solomon Islands, 바누아투Republic of Vanuatu, 사모아Independent State of Samoa, 통아Kingdom of Tonga 등 인접 남태평양 도서국가로부터 건너온 이주민 8% ► 가장 큰 집단인 원주민 역시 신체, 언어와 관습이 서로 조금씩 다른 소규모 집단으로 구분되고, 인도 – 피지언은 자유이민자와 계약노동이민자indentured labourers의 후예로 나뉨.
종교	► 대부분의 원주민은 기독교도, 인도 – 피지언은 힌두교도 혹은 이슬람교도

④ 피지 말

공용어 1997년 헌법에 규정	► 피지어 *Na vosa vaka – Viti*(Standard Fijian) ► 영어 ► 힌두어Hindustani
표준 피지어 Standard Fijian 또는 Bau Fijian	► 2009년 현재 350,000명(총인구의 약 42%)이 제1언어First Language로, 200,000명(총인구의 약 24%)이 제2언어Second Language로 사용. ► 동부 지역에서 사용되는 음바우Bau어가 표준어가 됨. ► 말라요 – 폴리네시안 계열Malayo – Polynisian Family 오스트로네시안Autronesian어.

⑤ 피지 정치제도

정치체제	체제유형	▶ 공화국republic ▶ 의회민주주의 체제parliamentary democracy
	헌법	▶ 성문헌법 ▶ 1970 독립헌법Independence Constitution선포 이후 수차 개정 ▶ 현 헌법은 1998년 7월 28일 발효된 개정헌법
행정부	국가원수: 대통령President	▶ 족장대평의회가 지명 ▶ 조세파 일로일로*Ratu*[족장] Josefa Iloilo (2007년 7월~현재)
	행정부 수반: 총리Prime Minister	▶ 대통령이 임명(총선에서 최다의석을 획득한 정당 혹은 정당연합 지도자) ▶ 2006년 쿠데타로 인해 현재 2명의 총리 존재 ▷ 헌법상 총리: 응가라세Laisenia Qarase ▷ 임시군사정부 총리: 음바이니마라마Frank Bainimarama
	내각Cabinet	▶ 각료들은 하원의원 가운데에서 총리가 임명 ▶ 의회에 대해 책임
입법부: 양원제 Bicameral System	하원House of Representatives	▶ 총선을 통해 구성, 의원임기 5년 ▶ 총 71석(2009년 2월 현재), 인종에 따라 의석배분 ▷ 원주민 23석 ▷ 인도 – 피지언 19석 ▷ 여타 인종 3석 ▷ 로투마 섬 사람 1석 ▷ 개방의석 25석
	상원Senate	▶ 총 32석(2009년 2월 현재) ▶ 대통령이 건의를 받아 임명 ▷ 족장대평의회 건의 14석 ▷ 총리 건의 9석 ▷ 야당 당수 건의 8석 ▷ 로투마 자치정부 건의 1석
사법부	법원Court	▶ 지방법원Magistrates' Court ▶ 고등법원High Court ▶ 항소법원Court of Appeal ▶ 대법원Supreme Court
정당체계: 다당체계 Multiparty System	주요 원내 정당	▶ *Soqosoqo Duavata ni Lewenivanua*(United Fiji Party): SDL ▷ 원주민 인종국수주의 정당 ▷ 의석점유율 50.7%(36석, 2009. 02 현재) ▶ Fiji Labour Party: FLP ▷ 인도 – 피지언 정당 ▷ 의석점유율 43.7%(31석, 2009. 02 현재) ▶ United Peoples Party: UPP ▷ 유럽인, 중국인, 기타 소수인종 대표 ▷ 의석점유율 0.3%(2석, 2009. 02 현재)

⑥ 피지 경제

경제규모	GDP	34억 달러(2008)
	GDP PER CAPITA	4,095 달러(2008)
화폐단위	피지언 달러(Fijian Dollar / FJD, F), 1F=약 0.57$(2009. 4)	
주요산업	관광, 제당	
대외교역	주요 수출품	음식료품, 광물제품, 섬유제품, 축산품
	주요 수입품	공산품(기계류, 자동차, 가전제품 등 거의 모든 품목)
주요 자원	금, 사탕수수, 목재, 수산물(참치)	
경제구조의 특성	사회간접자본 미비, 심각한 대외의존성	

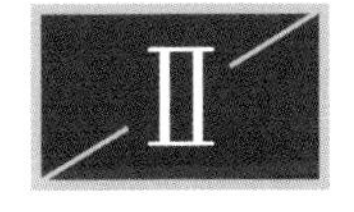

Ⅱ 옛 피지

1. 남태평양 사람들의 대이동

남태평양, 보다 정확히 남동태평양Southeastern Pacific에 흩어져 있는 수많은 섬들에 사람들이 어떻게 건너와 살게 되었는지 명확히 알 수는 없다. 그러나 대부분의 고고학자와 역사학자들은 '남태평양의 대이동'이 세 단계를 거쳐 이루어졌을 것이라 추측하고 있다.

(1) 사훌과 카누 로드

첫 번째 단계는 약 5만 년 전에 시작되었다. 인도네시아 동부와 필리핀 남부를 떠돌던 사람들이 가까운 섬들로 건너갔고, 오스트레일리아와 뉴기니New Guinea까지 퍼져 나갔다. 당시에는 해수면이 매우 낮아 오스트레일리아와 뉴기니가 하나의 땅, **사훌**Sahul이라 불리는 대륙으로 연결되어 있었다.

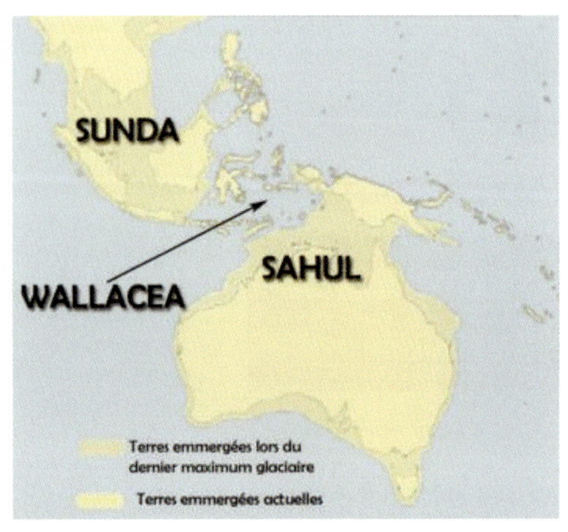

사훌

따라서 이들은 작은 카누를 타고 사훌로 갔다가 바로 수평선 너머 보이는 자신의 섬으로 쉽게 되돌아올 수 있었다. 이 모험심에 가득 찬 카누 여행객들이 바로 오늘날의 수마트라 사람Sumatrans, 자바 사람Javanese, 오스트레일리아의 아보리지니Austrailian Aborigines, 파푸아 사람Papuans과 기니 사람Guneans의 선조이다.

(2) 항해통로의 멜라네시언

두 번째 단계는 3만 년 전에서 4만 년 전에 걸쳐 진행되었다. 이리저리 다니던 사람들이 오스트레일리아와 뉴기니 본토에 정착했고 일부는 **솔로몬 제도**Solomon Islands와 뉴기니 부근 섬들로 넘어갔다. 이동은 매우 느리게 진행되었고 처음에 온 사람들은 나중에 온 사람들에게 밀려 내륙으로 들어가거나 새 땅을 찾아 나섰다.

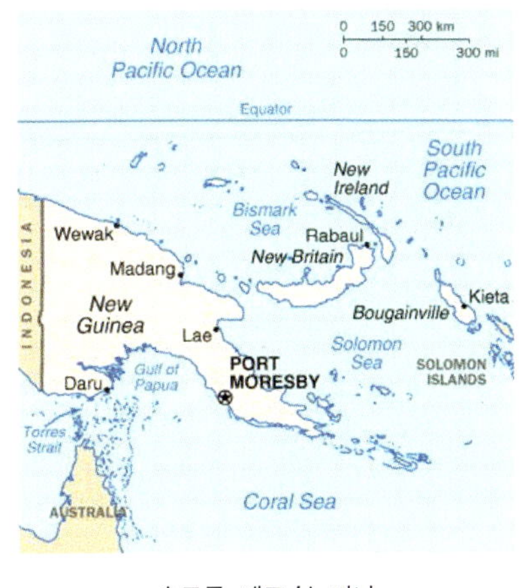

솔로몬 제도 / 뉴기니

타로

정착한 이들은 약 9천 년 전부터 농사를 짓기 시작해 **타로**taro를 재배했다. 뉴기니 고원 하겐산Mt Hagen의 쿡Kuk에서 발견된 옛 농수로가 타로 재배의 증거다. 또 8천 년 전부터 돼지를 기르고 바닷가에서 주운 조개껍질로 장신구나 일상생활에 사용되는 여러 가지 도구를 만들었다.

이 당시 동남아시아와 솔로몬 제도 사이에는 수많은 섬들이 자리 잡고 있어 오가기 쉬웠다. 그래서 이 지역을 '항해통로voyaging corridor'라 부르며, 이 통로를 거쳐 여러 섬에 정착한 사람들이 바로 **멜라네시언**Melanesian이다.[4] 이들은 대부분 아주 검은 피부와 고수머리를 갖고 있었고, 뒤늦게 온 사람들과 섞여 나름대로 독특한 생활방식을 만들어 냈다.

---

4) 멜라네시언은 나중에 유럽인이 이들을 남동태평양 사람, 곧 폴리네시언과 구별하기 위해 붙인 이름일 뿐이다.

멜라네시언

(3) 남동태평양으로의 진출

세 번째 단계는 3,000년 전에서 3,500년 전 사이에 이뤄졌다. 이 단계에서 사람들은 항해통로를 훨씬 벗어나 광대한 남동태평양에 퍼져 있는 작은 섬과 환초로 건너갔다. 이때 **라피타 도자기**Lapita pottery가 만들어졌다(라피타 문화의 형성기). 이곳에서 라피타 도자기의 조각뿐만 아니라 진흙 오븐, 집터, 돌로 만든 까뀌stone adzes[5])나 여러 가지 장신구들을 찾아내 이동 시기를 추정할 수 있었다.

---

5) 한 손으로 나무를 찍어 깎는데 쓰이는 도구. 도끼와 비슷하나 날이 가로로 나 있어 자루와 직각으로 되어 있음. '자귀' 또는 '자구'라 부르기도 함.

라피타 도자기

라피타 도자기는 항해통로 어딘가에서 처음 만들어진 것 같다. 이 도자기의 깨진 조각들이 피지와 항해통로 전역에 걸쳐 발굴되었기 때문이다. 피지에서 찾아낸 조각들을 방사성탄소측정법radiocarbon dating을 통해 분석해 본 결과 B.C. 1,500년경(3,500년 전)에 만들어진 것으로 밝혀졌다. 이러한 분석을 통해 남동태평양 진출이 바로 이 시기에 이뤄졌다는 사실을 알 수 있었다. 항해통로의 동쪽 끝, 솔로몬 제도로부터 검은 피부를 가진 용감한 선원들이 끝없이 펼쳐진 바다를 향해 떠난 것이다. 이들은 500년이라는 짧은 시간에 피지, 사모아Samoa, 통아Tonga 등 멀리 떨어진 섬들에 정착했다.

남동태평양 섬들에 정착한 사람들, 곧 곧은 머리와 옅은 피부를 지닌 **폴리네시언**은 이 섬 저 섬을 '개구리 뛰듯 넘나들며leap–frogged'[6] 서로 섞였다. 그러면서 처음 떠날 때 가져온 라피타 문화를 500여 년에 걸쳐 독특하게 발전시켰다. 이들은 라피타 문화에 따라 해산물을 주식으로 삼았지만 농사를 짓거나 가축을 기르는 방식, 집이나 카누 등을 건축하는 기술, 물물교환과 거래방식을 나름대로 만들어 냈다.

---

6) Donnelly, T., *et al.* 1994. *Fiji in the Pacific*. Milton: John Wiley & Sons Australia, p.5.

폴리네시언

이를 바탕으로 색다른 사회제도와 종교의식도 나타났다. 오늘날의 피지 문화, 통아 문화, 사모아 문화, 타히티Tahiti의 마오히*Maohi* 문화 등 여러 남동태평양 문화의 기반이 마련된 것이다. 그 사이 항해통로와 부근 남서태평양 섬들에 정착한 멜라네시언 역시 고유한 문화를 가꾸어 왔다. 그런데 폴리네시언이 왜 위험을 무릅쓰고 남동태평양 섬들로 건너왔는지는 잘 알 수 없다. 그저 그들이 새로운 물물교환 장소를 찾아왔거나, 전쟁을 피해서 왔거나, 식량을 찾아왔을 거라 추측할 뿐이다.

2. 피지의 초기 사회와 문화

남태평양 대이동의 세 번째 단계에 속하는 3,500년 전부터 사람들이 서쪽으로부터 피지로 건너와 살았다. 처음 발을 들여놓은 이들은 **바누아 레부**Vanua Levu 동남편의 **라우 군도**Lau group에 속한 라켐바Lakeba 섬이나 **비티 레부**Viti Levu 남쪽 벵가Beqa 섬 등에서 출토된 라피타 도자기 조각들로 미루어 볼 때 멜라네시언이었던 것 같다.

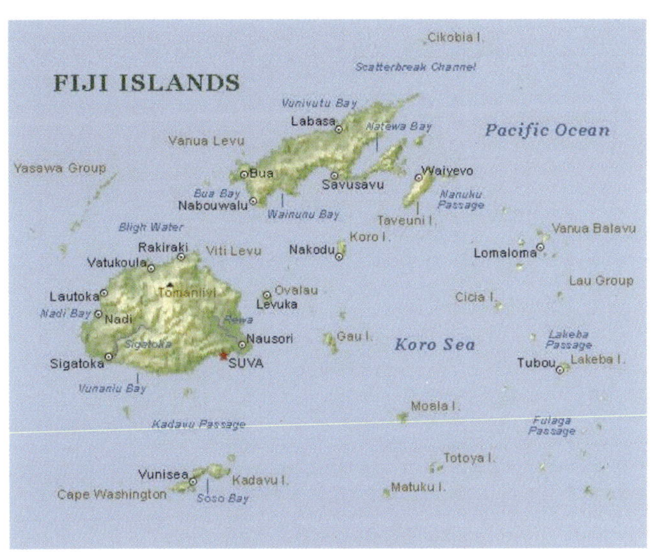

비티 레부, 바누아 레부, 라우 군도

한편 피지에서 발견된 것과 똑같은 돌까뀌가 사모아에서도 나와 두 사회의 초기 문화가 연결되어 있었다고 볼 수 있다. 또한 통아 사람과 피지 사람이 결혼하는 경우가 많았고, 통아에서 피지 나무로 만들어진 커다란 카누들이 발견되었다. 게다가 통아 말과 피지 라우 군도의 말이 거의 같다. 피지에서조차 부족에 따라 약간씩 다른 말을 사용했기 때문에 서로 소통이 되지 않는 경우도 많았다. 이를 통해 우리는 피지의 역사가 정착의 역사가 아니라 끊임없는 이동의 역사였다는 것을 알 수 있다.

피지에 정착촌이 생겨 농사를 짓기 시작한 것은 바로 이 시기이다. 이후 수백 년에 걸쳐 '피지 사람*taukei ni qele*' 나름의 문화가 형성되었다. 최초의 피지인은 한곳에 머물러 살기도 했고(정착생활) 여러 곳으로 옮겨 다니기도 했다(이동생활). 이들은 빽빽이 들어찬 열대우

림을 개간해 농토를 일궜고, 새로운 형태의 라피타 도자기를 구웠
다. 그러면서 차츰 사회조직이 생겨나 함께 일하고 일상생활에 관
련된 여러 결정을 내렸으며, 고유한 종교의식도 만들었다.

처음으로 나타난 사회조직은 **마탕갈리***mataqali*라 불린 씨족[氏族]이
었다. 마탕갈리를 이끈 지도자는 족장[族長]인 투랑아*turaga*였고, 농토
를 어떻게 개간하고 사용할 것인가는 마탕갈리 혹은 그보다 작은
조직인 이 토카토카*i tokatoka*, 즉 가문[家門] 속에서 집단적으로 결정
되었다.

마탕갈리

사람들은 마탕갈리 안에서 족장, 주술사나 전사[戰士]와 같이 일
정한 정치사회적 지위와 그에 따른 역할을 맡았다. 족장은 식량생
산, 촌락운영, 침입자로부터의 촌락방어 등을 책임졌으며 촌락민의
생사여탈권을 쥐고 있었다.

보통 사람들이 족장을 만나면 했던 인사말, "나를 잡수세요Eat me"는 족장의 권한이 얼마나 컸던지를 보여 준다. 족장도 여러 가지 등급이 있어 한 가문을 이끄는 족장, 섬 전체를 이끄는 족장, 투이*Tui*처럼 여러 섬들이나 넓은 지역을 지배하는 수뇌족장이 따로 있었다.

투랑아

• 피지 전통사회의 신분

Liga – ni – Magiti [링가 니 망이티]: '축제일손Hand of the Feast' → 지도자	
Turaga [투랑아]	• 세습적 정치지도자 • *Ratu*[라투→족장] • *Adi*[안디→족장급 여성, 혹은 족장가문 여성]
Bete [음베테]	• 주술사, 정신적 지도자, 농사 지도자
Liga – ni – Wau[링아 니 와우]: '곤봉일손Hand of the Club'→기능인	
Bati [음바티]	• 전사, 투랑아의 수하
Matai [마타이]	• 목수, 장인[丈人], 집짓기와 카누 기술자
Dau [은다우]	• 시인, 회계담당 등 기능인

시간이 지남에 따라 몇 개의 마탕갈리가 합쳐 **야부사***yavusa*라는 부족사회를 이루게 되었다. 또 인구가 늘어나 야부사 사이에 경쟁이 치열해지자 일정 지역 내에 있는 부족들의 연합체인 **바누아***vanua*가 나타났고, 더 나아가 여러 개의 바누아로 이루어진 대규모 정치

조직 **마타니투**_matanitu_가 만들어졌다. 그런데 이러한 사회조직이 피지 전역에 걸쳐 결성된 것은 아니었으며, 만들어진 다음 무너지는 일도 흔했다. 19세기 초에 이르러 수뇌족장이 이끄는 12개의 강력한 마타니투가 형성되어 서로 권력투쟁을 벌이기 전까지는 이러한 사회조직들이 뭉쳤다 헤어졌다를 반복했다.

- 피지의 전통적 사회조직

i tokatoka [이 토카토카]	• 소규모 가문[家門]
mataqali [마탕갈리]	• 이 토카토카 연합체: 씨족[氏族]
yavusa [야부사]	• 마탕갈리 연합체: 부족[部族]
vanua [바누아]	• 야부사 연합체: 지역적 부족연합
matanitu [마타니투]	• 바누아 연합체: 대규모 정치연합

사람들은 부족 혹은 씨족 간의 전쟁에 늘 시달렸지만 촌락생활은 아주 단순했다. 농사일에 더해 가축을 기르고 낚시를 하며 종교의식을 치르는 일상생활을 계속할 뿐이었다. 논에 타로를 길렀고 농토를 보호하기 위해 번갈아 휴작[休作]을 했다. 이런 단순한 생활에 더해 끔직한 종교의식도 있었다. 그 예로 섬나라 피지의 일상생활에 없어서는 안 될 운송수단이자 중요한 전쟁무기였던 카누 중 두 개의 선체를 지닌 막강한 **드루아**_Drua_를 만들면 산 사람들 위로 굴려 물에 띄우는 의식이 있었다. 또 중요한 집을 지을 때 기둥을 끼워 세우는 구멍에 사람을 산채로 묻는 의식도 있었다.

드루아

Ⅲ 유럽인과의 만남

피지 사회는 17세기 중엽 유럽인 탐험가들이 첫발을 들여놓을 때까지 큰 변화 없이 전통적 생활방식을 유지해 왔다. 그러다 1643년 네덜런드인 **타즈만**이 유럽인 최초로 피지 군도를 지나간 이후 약 200년에 걸쳐 해양탐험가, 기독교 선교사, 무역상, 고래잡이, 플란테이션plantation을 만들려는 사람들, 일확천금을 꿈꾸는 건달들이 몰려와 피지 사회에 큰 변화를 몰고 왔다. 오늘날의 피지 사회는 이러한 유럽인들에 의해 그 기초가 마련되었다고 볼 수 있다.

1. 해양탐험가

(1) 아벨 타즈만

피지 군도를 최초로 목격한 사람은 타즈만Abel J. Tasman(1603~1659)이다. 그

아벨 타즈만

는 1642년 8월 네덜란드령 동인도Dutch East Indies 총독으로부터 두 척의 배 **헤임스께르끄**Heemskerck 호와 **제이헨**Zeehaen 호를 이끌고 미지의 남태평양을 탐험하라는 명령을 받았다.

헤임스께르끄 호와 제이엔 호

바타비아Batavia, 즉 오늘날의 인도네시아 자카르타를 떠난 타즈만은 11월 24일 오스트레일리아 남동쪽 타즈마니아Tasmania 섬을 목격하고 총독의 이름을 따 '반 디먼의 땅Van Diemen's Land'이라 명명[命名]했다.

북동쪽으로 배를 돌린 그는 12월 13일 뉴질런드 남섬South Island 북서해안에 도착했고(뉴질런드 최초 발견), 계속 해안을 따라 북진하던 중 '살인자의 만Murderers' Bay(오늘날의 Golden Bay)'에서 마오리Maōri족의 공격을 받아 네 명의 선원을 잃었다. 대단히 나쁜 인상을 받은 그는 즉시 이곳을 빠져나와 북섬North Island의 서해안을 따라 항해하면서 유럽인 최초로 이 지역 해도를 만들었다.

뉴질런드를 서둘러 떠난 타즈만의 선단은 통아에 잠시 들러 양순한 사람들을 만난 다음 서쪽으로 가 드디어 피지 군도로 들어서게 된다. 이곳에서 1643년 2월 5일 나누카 환초Nanuka Reef에 갇히는 어려움을 겪었지만 다행히 큰 피해 없이 탈출해 바누아 레부 동남편 타베우니Taveuni 섬으로 왔고, 배를 북쪽으로 돌려 바타비아로 되돌아왔다. 타즈만은 피지 군도에 상륙하지 않았다. 날씨가 매우 나쁘고 안개가 자욱했으며, 또다시 환초에 갇히지 않기 위해 조심해야 했기 때문이다. 이 지역에 대한 그의 보고가 매우 부정적이었기 때문에 유럽인은 그 후 130년간 피지 부근으로 오지 않았다.

(2) 제임스 쿡

제임스 쿡

피지에 첫발을 들여놓은 유럽인은 영국의 **제임스 쿡** James Cook (1728~1779) 선장이다. 쿡 선장은 '미지의 남방 대륙Terra Australis Incognita'을 확인해 달라는 왕립학회Royal Society의 위임을 받아 세 차례(1768~1771, 1772~1775, 1776~1780)에 걸쳐 뉴질런드로부터 하와이를 거쳐 멀리 베링해협Berring Strait에 이르는 태평양 전역을 탐사했다. 그런 그가 피지에 도착한 것은 두 번째 탐사가 진행되던 1774년의 일이다.

1772년 7월 쿡 선장은 **레절루션**HMS Resolution 호와 어드벤처HMS Adventure 호, 이 두 척의 배를 이끌고 플리머스Plymouth 항을 떠나 뉴질런드로 출발했다. 대서양과 인도양을 거쳐 뉴질런드로 오던 두 배는 폭풍을 만나 서로 떨어졌고, 쿡 선장이 이끈 레절루션 호만 뉴질런드 남섬의 남서쪽 끝 더스키 만Dusky Sound에 도착했다.

레절루션 호

두 배는 남섬의 북동쪽 퀸 샬롯 만Queen Charlotte Sound에서 곧 재회해 혹독한 겨울 날씨에 시달리며 동쪽으로 항진했다. 그러던 중 어드벤처 호에서 괴혈병이 발생했다. 휴식과 물자보급이 필요하다고 판단한 쿡 선장은 뱃머리를 **타히티**로 돌렸다.

타히티

타히티에서 재정비를 마친 선단은 뉴질런드로 돌아오는 길에 잠
시 통아에 들렀는데, 쿡 선장은 주민들의 친절함에 감탄한 나머지
'프렌들리 아일런즈 Friendly Islands**'**라는 이름을 붙였다.

통아 사람들

통아로부터 다시 남진하여 1774년 1월 31일 남극권(남위 71도)에 도달한 쿡 선장은 거대한 얼음바다를 만나자 배를 동북쪽으로 돌려 멀리 이스터 섬Easter Islands(오늘날 칠레 영토)을 거쳐 타히티로 돌아왔다. 그리고 다시 통아로 떠나 잠시 시간을 보낸 후 **뉴 헤브리디즈**New Hebrides(오늘날의 바누아투)로 가는 길에 피지 군도를 통과했다.

바누아투 사람들

그가 '거북섬Turtle Island'이라 부른 피지 군도의 한 작은 섬, 곧 라우 군도의 바토아Vatoa 섬에 상륙한 것은 1774년 7월 2일의 일이었다. 섬사람에게 메달, 못, 칼 등을 선물한 쿡 선장은 부근 환초지역의 해도를 만든 후, 위험한 해역을 피하기 위해 피지 군도로부터 멀리 떨어져 항해해 퀸 샬롯 만으로 귀환했다. 사실 '피지'는 통아 사람들이 이 군도를 '비티'라 말하는 것을 듣고 쿡 선장이 붙인 명칭이다.

쿡 선장의 두 번째 탐사는 항해사에 있어 매우 중요한 의미를 갖는다. 영국인 목수 존 해리슨John Harrison이 새롭게 고안한 **크로노미터**chronometer, 즉 바다에서 경도[經度, longitude]를 재는 데 사용되는 시계를 사용해 섬이나 환초 등의 위치를 정확히 파악했기 때문이다.

크로노미터

세 번째 탐사가 진행되던 1779년 2월 14일, 쿡 선장은 하와이 서해안 케알라케푸아Kealakepua 만에서 격분한 원주민이 던진 창에 맞아 세상을 떠났다. 수하 해병대원이 원주민이 신성하게 여기는 제단 울타리를 망가뜨렸던 것이다. 비록 허망하게 세상을 떠났지만 그는 세 번에 걸친 탐사를 통해 '미지의 남방대륙'이 결코 존재하지 않는다는 사실을 확인해 주었고, 남태평양 섬들을 탐사해 해도를 작성하는 위대한 성과를 남겼다. 쿡 선장이 완성한 해도는 오늘날까지 사용되고 있다.

(3) 윌리엄 블라이

윌리엄 블라이

피지와 관련된 항해 이야기 가운데에서 아마도 가장 큰 흥미를 끄는 것은 영국 소설 『**바운티 호의 반란**_Mutiny on the Bounty_』으로 널리 알려진 **블라이 선장**Captain William Bligh(1754~1817)의 모험일 것이다.

바운티 호

　영국 해군 장교 블라이 선장은 1789년 타히티에서 빵나무breadfruit 묘목을 채취해 서인도로 운반하라는 명령을 받아 바운티HMAV Bounty 호를 이끌고 떠났다. 그는 쿡 선장의 두 번째 탐사에 참여한 경험이 있었기 때문에 남태평양에 익숙했다. 따라서 타히티에서 성공적으로 묘목을 싣고 **쿡 아일런즈**Cook Islands를 거쳐 무사히 통아에 도착할 수 있었다.

쿡 아일런즈

그러나 통아를 떠난 지 얼마 되지 않아 부관 **플렛쳐 크리스천** Fletcher Christian이 선장의 가혹행위에 불만을 품고 반란을 일으켜 블라이와 그를 따르는 18명의 선원을 길이 7m밖에 되지 않는 쪽배에 태워 보냈다. 반란자들로부터 빵 세 자루와 약간의 물, 몇 자루의 단검cutlass과 보잘것 없는 항해장비만을 넘겨받은 블라이 일행은 거친 바다와 악천후를 뚫고 무려 6,700㎞를 항해하여 네덜란드령 동인도의 티모르Timor에 도착하는 믿기 어려운 일을 해냈다.

플렛쳐 크리스천

바운티 호의 반란

이들은 남동 무역풍을 타고 티모르로 향하던 중 5월 4일 피지 군도로 들어섰고, 6일에 비티 레부와 그 밖의 작은 섬들을 목격했다. 그리고 비티 레부와 바누아 레부 사이의 산호해, 곧 만조 때 깊이가 단지 1.2m밖에 되지 않는 위험해역을 지나갔다. 비티 레부 부근에서는 원주민들이 탄 카누 두 척이 접근했으나 의도를 파악할 수 없어 급히 도망쳤다. 블라이의 쪽배는 결국 **야사와 군도**Yasawa Group를 통해 피지를 떠났다.

야사와 군도

블라이는 길고 험난한 여정에도 불구하고 피지 부근 해역에 관한 상세한 해도를 만들었다. 피지 수도 수바의 피지박물관Fiji Museum 에는 반란자들이 타히티 동쪽 **핏케언 섬**Pitcairn Islands으로 끌고 가 불태워 버린 **바운티 호의 키**가 전시되어 있다.

바운티 호의 키(수바의 피지박물관 소장)

　　오늘날 영국 영토인 핏케언 섬은 반란자들이 최후의 도피처로 택한 작은 화산섬으로 아홉 가구 48명의 주민이 살고 있을 뿐이다. 이들은 모두 반란자들과 그들이 데려간 타히티 여인들의 후손이다.

핏케언 섬

　　1792년 블라이 선장은 프로비던스HMS Providence 호를 이끌고 다시 타히티로 떠났다. 항해 목적은 첫 번째와 마찬가지로 빵나무 묘목을 싣고 오는 것이었다. 이 두 번째 항해에서 모세Moce 섬 북쪽 라우 군도로 들어가 북서쪽으로 항진하며 라켐바 섬을 봤고, 모알라Moala 섬에서 카누를 타고 다가온 피지 원주민들과 접촉은 했지만 상륙하지 않았다. 남서로 계속 항진한 블라이는 첫 번째 항해에서 본 섬들을 다시 확인하고 새 섬들을 해도에 추가했다. 그 때문에 이후 오랫동안 피지는 '블라이 섬Bligh's Islands'으로 불리게 된다.

2. 유럽인 장사꾼

(1) 백단 장사꾼

백단

유럽인 장사꾼들이 처음으로 피지에 몰려온 이유는 이 지역에서 자라는 향나무 **백단**sandalwood을 얻기 위해서였다. 백단 기름은 중국, 인도를 포함한 아시아 전역에서 향료나 종교적 의식[儀式] 용품 또는 약재로 큰 인기를 끌고 있었기 때문에 가져다 팔면 엄청난 이익을 볼 수 있었다.

　백단이 어디에서 자라는지 알고 있었던 통아 사람들은 유럽인의 고래잡이 배가 들어오면 백단과 쇠도끼, 못, **탐부아**_Tabua_(고래이빨) 등을 맞바꾸었지만, 유럽인에게 백단 서식장소는 커다란 미스터리였다.

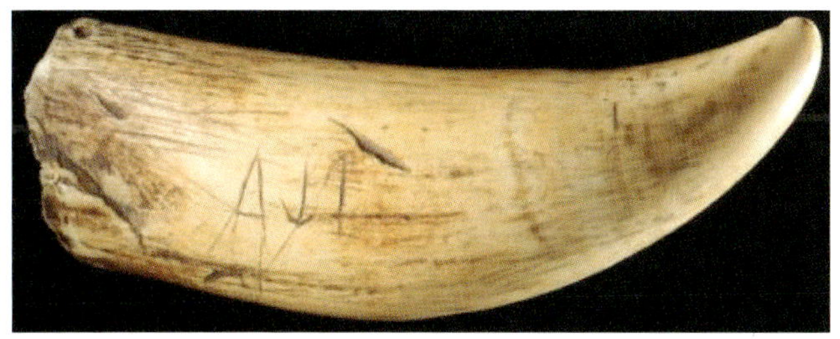

탐부아(고래이빨)

   그러다 1800년 오네아타Oneata 부근에서 난파된 아르고Argo 호의 선원 슬레이터Oliver Slater가 바누아 레부 북쪽 음부아 만Bua Bay에서 백단을 발견했다. 슬레이터는 마닐라로 가던 엘 플루메어El Plumeir 호가 구출할 때까지 20개월 동안 피지에 머물렀다. 마닐라에서 백단 시장을 본 슬레이터는 1804년 시드니로 돌아오던 길에 마르시아Marcia 호의 선주 **로드**Simeon Lord에게 백단이 자라는 곳을 귀띔해 줬고 로드는 1805년 음부아 만으로 와 유럽인 최초로 백단을 싣고 떠났다.

시미언 로드

이 소식이 퍼지자 유럽인 장사꾼을 태운 배들이 피지로 몰려들기 시작했고, 1808~1809년 사이에 정점에 달해 1809년 한 해에만 열 척 이상의 배가 들어왔다. 백단 교역은 위험이 따랐지만 엄청난 이윤을 안겨줬다. 50파운드(£, Pound) 밖에 나가지 않는 소소한 물건들, 곧 굴렁쇠, 쇠막대, 낚싯바늘, 손

도끼, 구슬, 유리병, 옷가지 따위와 250톤의 백단을 바꿔 중국에 가져다 팔면 2만 파운드를 챙길 수 있었던 것이다.

장사꾼들이 더 많이 몰려오자 약삭빠른 피지 사람들은 바꿀 물건을 고르기 시작했다. 가장 큰 인기를 끈 물건은 가위, 톱, 칼, 담배, 머스킷musket(구식 장총), 화약이었다. 또 상재에 밝은 족장들은 교역상대를 자주 바꾸고 백단 값을 올렸다. 백단 값을 받는 대신 배, 선원과 총을 인근 부족 족장과의 전쟁에 동원하는 일도 있었다. 비록 백단 교역은 유럽인 장사꾼이 엄청나게 바가지를 씌웠다는 악평을 들었지만, 철로 만든 도구나 옷감 등은 피지 사람에게는 돈으로 따질 수 없는 엄청난 가치를 지닌 물건이었다. 물론 담배와 독한 술처럼 해를 끼친 것들도 적지 않았지만 말이다.

백단 교역은 아주 잠깐 동안 지속되었지만 피지에 큰 변화를 가져왔다. 피지 사람에게 새로운 부의 원천을 가져다 준 것이다. 교역상이 가져온 탐부아나 철로 만든 도구 등과 백단을 맞바꾼 족장(특히 음부아의 족장)은 큰 부자가 되어 세력이 엄청나게 커졌다. 이렇게 교역을 통해 세력을 확장한 족장이 생겨나자 그렇지 못한 족장의 질투로 전쟁이 일어나기도 했다. 또 장사꾼들이 드나들면서 콜레라, 홍역, 감기 같은 유럽의 전염병을 옮겨 피지 전역에 걸쳐 퍼졌다. 불행하게도 피지 사람은 이런 병에 면역력이 없었다.

(2) 해삼 장사꾼

1813년 백단이 동이 나자 교역상들은 백단 대신 **베슈 드 메르**

bêche-de-mer(해삼 또는 바다달팽이)에 눈을 돌리기 시작했다. 훈제[燻製] 해삼은 아시아에서 별미로 여겨져 높은 값을 받고 팔 수 있었기 때문이다.

베슈 드 메르(해삼)

베슈 드 메르에 눈을 돌린 교역상 중 오스트레일리아 사람 말콤 J. C. Malcom은 **로투마**Rotuma 섬, **투발루**Tuvalu와 **키리바시**Kiribati에 대규모 교역소를 차려 놓고 환초를 오가며 장사를 했다. 또 중국 시장에 가져다 팔 해삼을 찾아 남태평양을 돌아다니던 시드니의 장사꾼도 정기적으로 로투마 섬으로 와 호주에서 가져온 물건을 주고 해삼, 선원들과 보급품을 구한 다음 떠났다.

로투마 사람들

투발루

키리바시 사람

베슈 드 메르 교역은 피지 연안[沿岸]에서 해삼 씨가 말라 버릴 때까지 두 차례(1830~1835년, 1844~1850년)에 걸쳐 집중적으로 이뤄졌다. 그런데 해삼을 팔 수 있는 상품으로 만드는 데에는 많은 일손이 필요했다. 얕은 모래톱에서 해삼을 잡고, 해삼을 훈제하는 데 쓰는 나무를 베고, 완제품을 포장하고, 노동자의 식사를 준비하는 데 각각 100명이나 되는 일손이 필요했다. 게다가 모래톱으로 노동자를 나르고 해변 공장에 보급품을 전달하는 데 200여 척의 카누가 동원되었다.

해삼 공장이 일손을 구하자 원주민들이 모여들었다. 이들은 노동의 대가로 싸구려 장신구, 총, 도끼, 옷감, 붉은색 깃털, 담배 등을 얻어 자기 촌락에서 농사를 짓는 것보다 훨씬 부유하게 살 수 있었다. 또 해삼 공장에 접근해 세력을 키우려는 부족집단 사이에 경쟁이 치열해졌다. 경쟁에서 우위를 차지한 음바우는 머스킷 5,000자루와 화약 600통이라는 막대한 이득을 얻을 수 있었다.

(3) 고래잡이

1789년부터 1850년까지 미국인은 남태평양에서 고래잡이를 계속했다. 1840년에만 북아메리카의 뉴 잉글런드New England에서 온 포경선 700척과 1,600명의 선원이 고래를 잡았다. 피지는 고래잡이 해역인 적도[赤道], 일본, 뉴질런드, 캘리포니아와 칠레 근해에서 멀리 떨어져 있었지만, 1830년 안전한 항구가 있는 레부카에 작은 고래잡이 촌이 만들어지면서 탐부아 교역이 활발히 이루어졌다. 미국 포경선은 키리바시를 방문한 다음 조금 떨어진 로투마 섬에서 보급품을 샀다. 로투마 사람은 이 기회를 이용해 탐부아를 얻었다. 탐부아는 미국인에게는 별 가치가 없었지만 피지 사람과 교역할 때 긴요하게 사용할 수 있었다.

3. 비치코머와 선교사

(1) 비치코머

비치코머beachcombers는 본래 '해변을 훑어 물건을 찾는 사람'이라는 뜻이지만 여기서는 난파선 선원, 엄격한 규율이 싫어 탈출한 뱃사람, 오스트레일리아의 뉴 사우스 웨일즈New South Wales로부터 피지로 도망쳐 온 죄수들을 지칭하는 말로 쓰인다. 비치코머는 1860년 이전에 이미 70명 정도가 로투마 섬으로 왔고, 백단 장사가 피크에 달하자 피지에도 나타나기 시작했다. 피지를 도피처로 삼아 한가한 삶을 즐기려 했던 이들은 원주민과 어울리며 새로운 생활 방식과 총 다루는 법을 가르쳐 줬다.

1808년 엘리자Eliza 호의 선원으로 백단을 실러 왔다가 나이라이 환초Nairai Reef에서 좌초해 비치코머가 된 스웨덴인 찰스 새비지 Charles Savage는 피지 말과 통아 말에 능통했다. 그는 음바우로 가 **투랑아 나 부니발루 니 음바우**를 돕는 '흰 사람white man'으로 받아들여졌다.

새비지는 난파된 배에서 여러 자루의 머스킷과 화약을 갖고 갔다. 음바우는 이 무기와 새비지의 뛰어난 총 솜씨 덕분에 경쟁세력 여럿을 누르고 피지에서 가장 힘센 부족으로 떠올랐다. 그 덕분에 그는 여러 명의 부인과 함께 아주 편안하게 살며 하고 싶은 것은 무엇이든 할 수 있었다. 새비지는 좋은 일도 꽤 한 것으로 알려진다. 인육[人肉]을 먹는 원주민을 총으로 쏘아 죽였고, 남편이 죽으면 과부를 목 졸라 죽이는 풍습을 없애려 애썼다. 새비지의 생활은 피지를 떠돌던 비치코머의 전형적인 모습을 보여 준다.

인육을 먹을 때 사용한 포크(수바의 피지 박물관 소장)

백단과 해삼을 얻으러 온 장사꾼들은 교역물품으로 **머스킷**이 얼마나 큰 가치를 지녔는지를 깨달았다. 족장들은 머스킷을 얻기 위해서라면 땅을 내놓기까지 했던 것이다. 이들은 부족 간의 전쟁에서 이기기 위해 유럽인의 도움을 절실히 원했기 때문에 대부분의 비치코머는 총과 같은 무기 사용법을 가르쳐 주는 대신 융숭한 대우를 받으며 지냈다.

머스킷

(2) 기독교 선교사

오늘날 힌두교를 믿는 인도 - 피지언을 제외한 대부분의 피지 국민은 감리교 신자methodist일 정도로 기독교는 피지 사회에 엄청난 영향을 미쳤다. 피지에 기독교를 소개한 것은 당연히 유럽에서 온 서양인 선교사였다. 그런데 놀랍게도 피지(라켐바 섬)에 최초로 발을 들여놓은 선교사는 런던선교협회London Missionary Society에 소속되어 있던 타히티 사람 하니아Hanea와 아타이Atai였다. 이들은 라켐바에서 쫓겨나자 1830년 오네아타에 근거지를 만들어 몇 명의 피지 사람을 기독교인으로 만들었다.

그로부터 5년이 지난 1835년 웨슬리언Wesleyan파 선교사였던 영국인 크로스William Cross와 **카길**David Cargill(1809~1843)이 통아의 조지 왕King George의 사자와 함께 피지로 왔다. 이들이 라켐바에 도착하자 수뇌족장 나야우Tui Nayau가 반갑게 맞아주었는데 이는 단지 피지에 큰 영향력을 행사하고 있던 통아 왕에 대한 예의를 갖추려 했던 것이었다. 그렇지만 나야우는 이 새로운 종교에 별 관심이 없었고 크로스와 카길은 소수의 원주민을 개종[改宗]시키는 데 만족해야 했다.

데이비드 카길

이 두 사람은 소형 인쇄기를 가져와 마태복음St. Matthew's Gospel의 일부를 따내어 작은 책을 만들었는데 이것이 피지 최초의 성경이다. 크로스는 1837년 음바우로 떠나 그곳에서 수뇌족장 다콤바우Cakobau가 전쟁을 치르는 것을 목격했다. 끔찍한 광경을 보고 놀란 크로스는 레이와Rewa로 옮겨가 수뇌족장 드레케티Tui Dreketi의 환대를 받았다. 크로스는 레이와에서 다시 음바우로 돌아가려 했지만 그가 말없이 떠난 것에 대해 다콤바우가 무척 화내고 있다는 것을 알고 비와Viwa로 가 성경을 만드는 인쇄소를 차렸다. 1838년에는 영국인 헌트John Hunt, 칼버트James Calvert와 재거Thomas Jaggar가 라켐바에 도착해 또 다른 인쇄소를 차려 놓고 인쇄공들을 훈련시키기 시작했다. 1840년에 이르러서는 네 군데의 웨슬리언 **선교 스테이션**이 라켐바, 레이와, 비와, 소모소모Somosomo에 만들어졌다.

라켐바의 선교 스테이션

그러나 선교는 진척이 거의 없었다. 선교사가 피지의 전통관습이 나쁘다고 말했기 때문에 대부분의 족장들이 기독교를 꺼렸던 것이다. 또 피지 사람이 본래부터 믿고 있던 종교와 신화 속에는 기독교 교리를 이해할 수 있는 연결고리가 없었다. 피지 사람의 신 칼로우 부*Kalou-vu*(뿌리 신)나 칼로우 얄로*Kalou-yalo*(신성한 혼령)는 벌을 주거나 상을 내리는 아주 단순한 두 가지 이미지를 갖고 있을 뿐이었다.

칼로우를 모신 신당

그런데도 피지 사람들은 기독교를 받아들였다. 그 이유는 선교사가 가진 강력한 힘과 '지옥불'이 주는 두려움 때문이었다. 기독교의 신은 신기한 물건과 기계, 인쇄소, 대포를 가진 군함을 부릴 수 있는 힘센 신이고, 따라서 추앙받아 마땅하다고 생각했던 것이다. 그러나 전통적인 신과 정령 역시 중요하게 생각해 기독교로 개종한 피지 사람들은 '두 개의 모자를 쓴(wearing two hats)' 꼴이 되었다.[7] 한 예로 비와의 나모시말라우Namosimalau족장은 서양 함포[艦砲]의 위협을 피하기 위해 기독교를 받아들인 척했다. 기독교도가 되면 기독교의 신이 내리는 무서운 벌을 피할 수 있으리라 생각했던 것이다. 결국 1841년 통아 왕 마푸Ma'afu도 기독교를 받아들였고 나야우를 포함해 많은 족장이 그 뒤를 따랐다.

---

7) Donnelley, *et al.*(1994), 앞의 책, p.20.

4. 미국 원정대

1840년 빈센네스USS Vincennes 호와 피콕Peacock 호 등 모두 여섯 척의 배로 이루어진 미국의 태평양 원정대United States Exploring Expedition[8] 가 피지로 왔다. **윌키스 제독**Commodore Charles Wilkes(1798~1877)이 이끈 이 원정대에는 식물학자와 광물학자를 포함한 수많은 과학자, 박제[剝製] 기술자, 화가와 언어 전문가가 포함되어 있었다. 이들은 피지 근해에서 석 달을 보내며 최초로 피지 군도의 완벽한 해도를 만들어 냈다.

찰스 윌키스 제독

피지에 도착한 윌키스 원정대는 마마누다 군도의 **말로로 섬**Malolo에서 식량을 얻으려 물물교환을 하다 두 명의 선원을 잃었다. 살해당한 선원 중 한 명은 윌키스 제독의 조카 헨리Henry Wilkes였다. 이에 분노한 제독은 즉각 강력히 보복해 피지 사람 80명을 죽였다.

---

8) 혹은 윌키스 원정대Wilkes Expedition.

말로로 섬

　　이 원정의 가장 큰 성과는 윌키스 제독과 음바우의 수뇌족장 타노아Tanoa Visawaqa가 맺은 항구통제조약Port Regulation Treaty이다. 이 조약에 따라 족장들은 외국 배와 난파선 선원을 보호하고, 물과 필요한 물자를 공급해 주고, 배에서 도망친 선원을 붙잡아 되돌려주기로 약속했다. 그 대신 항구로 들어오는 모든 외국 배는 정박료 3달러와 수로[水路] 안내비 7달러를 내게 되었다. 또 외국 배의 선원은 술을 육지로 가져오지 않고, 밤 9시 이후에는 누구도 해안에 남아 있지 않기로 했다

5. '피지 러시'와 유럽인의 정착

1860년대의 '피지 러시Great Fiji Rush'는 수많은 유럽인을 피지로 끌어들였다. 오스트레일리아와 뉴질런드의 금광에서 별 재미를 보지 못한 유럽인들이 플란테이션을 운영하기에 적당한 기후와 싼 땅값에 혹해 너도나도 피지로 몰려들었던 것이다. 또 이 기회를 틈타 피지 땅을 사들여 큰돈을 벌려는 사람들이 나타났고, 이들은 1868년 계획을 추진할 투자회사인 폴리네시언 컴퍼니Polynesian Company를 만들었다. 그리하여 1860년대 초에는 30~40명에 불과했던 유럽인 정착민의 수가 1868년에는 1,288명으로 늘었고, 1876년에는 2,760명에 달하게 되었다. 러시의 중심지였던 **레부카**에는 1870년 한 해에만 무려 158척의 유럽 배가 들어왔다. 러시 초기에는 주로 바누아 레부, 타베우니와 레이와 삼각주Rewa Delta에 코코넛 농장이 만들어졌고, 그 주변에 상점과 여러 가지 서비스 업종이 우후죽순처럼 생겨 레부카는 시끌시끌한 도시로 변했다.

19세기 초의 레부카

사실 '피지 러시'를 이끈 것은 **목화 붐**cotton boom이었다. 미국에서 남북전쟁(1861~1865)이 일어나 목화생산의 세계적 중심지였던 남부 주[州]의 목화밭이 모두 못쓰게 된 것이다. 이에 따라 새로운 재배지를 찾던 사람들은 기후와 토양이 적당한 오스트레일리아의 퀸즐런드Queensland와 피지로 모여들어 플랜테이션을 만들었다.

목화 플랜테이션에서 일하는 원주민

초기의 유럽인 정착민은 그 수가 적었기 때문에 사회적으로 불안정한 위치에 놓여 있었다. 그러나 1868년 이후 피지로 들어오는 사람이 급격히 늘어나고 목화재배업의 이윤이 커지면서 점차 안정되기 시작했다. 또 유럽인이 원주민을 대하는 태도가 바뀌면서 인종갈등이 불거졌다. 모든 유럽인이 그랬던 것은 아니지만 대부분 원주민을 깔보았기 때문이었다. 이들은 유럽인 사회가 이 '세상 끝'에 문명을 가져오는 데 큰 공헌을 했다고 떠들어댔다.

1871년에 이르러 오스트레일리아, 뉴질런드에서 더 많은 배가 들어오자 유럽인의 생활이 크게 변했다. 조잡한 오두막이 번듯한 목조 가옥으로 바뀌었고, 나무둥치나 상자 대신 제대로 된 가구를 사용하게 되었으며, 피아노가 흔해졌다. 1868년과 1871년 사이에 레부카는 과거 원주민과 유럽인이 섞여 살던 조그마한 읍내에서 유럽풍 도시로 바뀌면서 피지 비즈니스의 중심지이자 문화센터가 되었다.

그러나 원주민은 이런 '근대화'로부터 철저히 소외되어 인종 사이의 격차가 더욱 커졌다. **써스턴**John. B. Thurston(1836~1897)과 같은 선각자는 사회안정을 유지하려면 결코 유럽인 사회만 번영해서는 안 되며, 원주민과 유럽인이 긴밀히 협조해 인종 사이의 장벽을 허물어야 한다고 주장했다. 이런 장벽 중 가장 문제가 된 것은 땅이었다.

수바의 써스턴 기념 정원

애당초 원주민과 유럽 정착민은 땅에 대해 서로 다른 생각을 갖고 있었기 때문에 토지소유권은 항상 갈등을 불러 일으켰다. 원주민이 볼 때 땅이나 숲은 사용할 수는 있어도 소유할 수 있는 것이 아니었다. 또 피지의 땅은 개인이 아니라 이 토카토카, 마탕갈리와 야부사의 소유였다. 수확한 곡식과 과일을 처분할 수 있는 권리도 부족 사이의 결혼, 연합과 전쟁을 통해 자주 바뀌었다. 그러나 유럽인은 일단 값을 치르고 임대계약을 하면 땅을 완전히 소유할 수 있는 것으로 생각했다.

또 땅은 수뇌족장들 사이의 권력투쟁을 심화시켰다. 땅을 팔거나 빌려 줘 얻은 돈으로 총과 유럽인의 강력한 범선[帆船]을 사 다른 부족과의 전쟁에 사용하거나 약한 이웃을 정복하는 데 썼던 것이다. 그래서 유럽인은 족장의 힘이 미치지 않는 공터나 아예 이웃 부족의 땅을 사들이려 했고, 족장들도 부족민과 의논하지 않고 마음대로 땅을 팔았다.

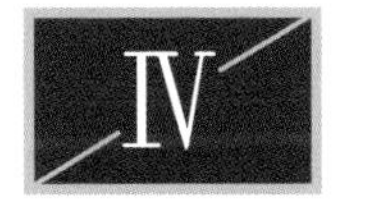

Ⅳ 피지 왕국

1871년 수뇌족장들의 권력투쟁이 계속되던 피지에 드디어 피지 왕국Kingdom of Fiji이 만들어졌다. 피지 역사상 최초의 입헌군주국 constitutional monarchy이었던 피지 왕국은 비록 모든 부족을 통합하지는 못했지만 강력한 힘을 발휘해 국토의 상당 부분을 장악했다. 이 새로운 왕국을 건설하기까지의 길은 수많은 내전[內戰]으로 점철된 험난한 행로였다.

1. 음바우의 부상

피지 왕국으로의 행로를 주도한 것은 비티 레부 서편 작은 섬에 위치한 음바우였다. 음바우는 1830년 수뇌족장 음바누베이Banuve의 영도 아래 피지에서 가장 강력한 바누아로 떠올랐다. 음바우의 부상은 전략적인 혼인과 강력한 카누 덕분이었다. 우선 음바우의 족장들은 이웃 바누아, 특히 레와와 다카우드로베이Cakaudrove 족장 집안과 혼맥을 결성해 이들을 바수vasu, 곧 외척[外戚]으로 삼았고, 크고 강력한 카누를 사용해 비티 레부 북서해안과 로마이비티Lomaiviti 군도에 자리 잡고 있던 부족 여럿을 정복했다. 음바우는 또 부족 간의 싸움을 중재해 힘을 길렀다. 그 예로 라켐바와 중부 라우 Central Lau의 족장계승 다툼을 해결하는 데 도움을 줘 그 후로 조공 [朝貢]을 받았다. 음바누베이의 아들 나울리바우Naulivau 역시 적극적으로 세력을 확장해 베라타Verata의 바누아들을 굴복시켜 아주 중요한 섬인 비와를 차지했다.

나울리바우의 아들 타노아9)가 1829년 수뇌족장이 되었을 때 음바우는 이미 비티 레부 북동쪽 해안지역을 모두 장악하고 있었다. 로마이비티가 음바우의 손 안에 들어왔고, 라우 중부와 남부 지역이 조공을 바쳤다. 다카우드로베이와 라우 북부지역에 대해서는 바수 관계를 이용해 영향력을 미쳤으며, 오발라우와 모투리키 섬도 마찬가지였다.

음바우는 비치코머와 유럽인 장사꾼과 협력해 영향력을 더욱 확장했다. 즉, 해삼장사꾼이 환초에서 작업하는 것을 반대한 부족들을 제압해 전쟁에 필요한 총과 화약을 대가로 받았던 것이다. 1852년 세루Seru가 아버지 타노아의 뒤를 이어 수뇌족장이 돼 이름을 **다콤바우**Seru Epenisa Cakobau(1815~1883)로 바꾼다.

---

9) 타노아는 1840년 미국 원정대를 이끈 월키스 제독과 항구통제조약을 맺은 음바우의 수뇌족장이다.

음바우의 수뇌족장 다콤바우

다콤바우(세루)는 타노아가 늙고 병들자 1837년 이후 아버지를 대신해 음바우를 통치했다. 그는 피지 왕*Tui Viti* 타이틀을 노렸고, 이를 위해 인접한 레와, 베라타, 마쿠아타Macuata와 전쟁을 벌였지만 운이 따라 주지 않았다. 전쟁이 대항세력들을 단합하도록 만들었기 때문이다. 그러나 다콤바우를 위협할 세력은 이웃한 바누아가 아닌 전혀 다른 곳에서 오고 있었다.

2. 마푸의 등장

통아 사람은 오래전부터 피지를 드나들었다. 처음에는 카누를 만들 목재를 구하러 왔지만 나중에는 백단을 잘라 가려는 목적이었다. 이처럼 통아 사람의 피지 출입이 잦아지자 라켐바 섬을 비롯한 여러 곳에 통아인 정착촌이 만들어졌다. 이들은 피지 사람과 결혼하는 일이 많았고, 피지 부족 간 내전에도 관여했으며, 주로 다콤바우를 지지했다.

1847년 통아 왕 **타우파아하우**Taufa'ahau(1797~1893)는 유럽인 선교

사가 살해된 사건을 조사하기 위해 원정대를 바누아 발라부Vanua Balavu로 보냈는데, 원정대에는 그의 사촌 **마푸** 왕자Prince Ma'afu(본명 Enele Ma'afu'atuitoga, 1816~1881)가 포함돼 있었다. 마푸가 왜 원정대를 따라갔는지는 분명하지 않다. 타우파아하우 왕이 정치적 라이벌인 그를 통아에서 쫓아내려 했다는 이야기가 있지만 근거가 희박하다. 아무튼 마푸는 피지에서 특별한 권한을 부여받지 못했지만 강력한 지도자로 부상했다.

타우파아하우 왕

마푸 왕자

지아오지 투푸 1세Siaosi Tupou I. Siaosi(옛 통아 철자법으로는 Jiaoji)는 영국 국왕 조지 3 세King George III의 이름을 본뜬 것.

마푸는 라켐바의 전 수뇌족장 나야우의 아들 웨타사우Wetasau와 더불어 비티 레부 남동쪽 모알라, 토토야Totoya, 마투쿠Matuku등 세 개의 섬에서 벌어진 내전에 참여해 유능한 지도자이자 전사로서의 명성을 얻었다. 1848년 라우(라켐바)에 근거지를 확보한 마푸는 반

[牛]통아인이었던 나야우와 함께 모알라 섬을 정벌해 나야우 치하에 뒀다. 1853년 타우파아하우 왕이 마푸를 피지에 사는 통아 사람의 총독으로 임명하자, 그는 감리교 선교사들의 보호를 자처했으며, 17명의 선교사가 살해되는 사건이 터지자 바누아 발라부를 무력으로 평정했다.

힘을 기른 마푸는 다콤바우에 대항하기 시작했다. 일단 기독교를 받아들인 족장들이 그에게 보호를 요청한 벵가Beqa와 카다부까지 영향력을 넓힌 후, 더 나아가 라켐바로부터 야사와 군도에 이르기까지 넓은 지역에 걸쳐 세력을 확대했다. 라우 섬의 족장 대부분은 다콤바우보다는 마푸를 섬겼기 때문에 그는 '바람 불어 오는 쪽'의 여러 섬을 확실히 장악하게 되었다.

3. 통아의 간섭

마푸가 세력을 넓히고 있는 사이 다콤바우는 고전을 면치 못하고 있었다. 건강이 나빠졌고 전쟁에서도 별 성과를 얻지 못했던 것이다. 특히 1843년부터 지루하게 계속된 레와와의 전쟁 결과는 참담했다. 겨우 이겨 자신에게 굴복한 다카나우토Cakanauto를 왕으로 세웠지만, 레와의 수뇌족장 응가라닝기오Qaraniqio는 다콤바우의 손을 빠져나와 내륙의 구릉으로 도망쳤다. 그리고 1854년 다카나우토가 죽자마자 되돌아와 권력을 장악했고, 레와를 다시 빼앗으려는 다콤바우의 공세를 막아냈다.

한편 음바우의 족장 가운데 한 사람인 마라 카파이와이Mara Ka-paiwai가 증조부 나야우의 후광을 업고 상당한 영향력을 떨치자 다콤바우는 그가 자신을 제거하려 한다고 의심하기 시작했다. 1852년 다콤바우는 음바우의 마쿠아타 통치권을 인정하지 않는 리토바와 싸우려 출정하면서 그것을 빌미로 마라의 카누를 모두 **빼앗았다**. 마라는 레와로 도망쳤고, 레부카의 유럽인과 좋은 관계를 유지하며 지냈다. 유럽인 대부분이 레부카에서 발생한 로보니Lovoni 부족의 습격을 다콤바우의 탓으로 돌리고 있었던 덕분이었다. 또한 오발라우 섬 부족들이 음바우에 대항해 반란을 일으켰고, 미국은 원주민이 약탈한 정착민의 재산에 대해 피해보상을 요구했다. 다콤바우는 여러 곳에서 동시에 쏟아지는 압력을 피하기 위한 계책으로 1854년 기독교로 개종했다. 그러나 그의 개종은 기독교를 싫어했던 동맹세력이 등을 돌리게 만들었을 뿐이었다.

그런 가운데 상황을 반전시킬 수 있는 계기가 생겼다. 1855년 수뇌족장 응가라닝기오가 죽자 전쟁에 지친 레와의 족장들이 화평을 제안했다. 그러나 3년 전(1852) 다콤바우를 피해 도망친 마라가 이끌던 카바Kaba의 저항세력은 이를 거부했다. 이들은 다콤바우의 개종을 빌미로 화평에 격렬히 반대했고, 토속신을 계속 믿던 다른 족장들도 가세했다. 마라의 저항에 부딪친 다콤바우는 당시 대군을 이끌고 피지에 와 있던 통아의 타우파아하우 왕에게 도움을 요청했다. 다콤바우는 기독교로 개종했기 때문에 독실한 기독교 신자인 타우파아하우 왕의 지원을 얻을 수 있다고 생각했던 것이다. 그러나 타우파아하우 왕은 애당초 싸울 생각이 없었다. 하지만 마라의 수하가 친척 한 명을 살해하자 마음을 바꿔 다콤바우와 함께 카바

포인트Kaba Point의 요새를 공격했다. 다콤바우－타우파아하우 연합
군은 통아 사람의 지략, 곧 피지 사람이라면 후퇴했을 상황에서 오
히려 공격하는 지략을 써 요새를 함락시켰다.

다콤바우는 바로 이 카바 전투에서 승리해 세력을 다시 확보했
지만, 통아의 힘 역시 더욱 커졌다. 전투가 끝난 후 타우파아하우
왕은 다콤바우가 미국에서 주문한 범선 한 척과 커다란 카누 한 척
을 대가로 받아 통아로 돌아갔다. 이로써 다콤바우는 안정적인 세
력기반을 확보했을 뿐만 아니라 독실한 기독교인이 되었고, 음바우
는 피지에서 가장 강력한 왕국으로 떠올랐다. 물론 이렇게 된 데에
는 통아 사람의 도움이 컸다. 득의양양해진 다콤바우는 피지 왕 타
이틀을 얻으려 했으나 점점 세력을 확장한 마푸의 힘을 꺾을 수는
없었다. 마푸는 라우 북쪽 섬들의 실질적 통치자였고, 피지에서 가
장 큰 두 개의 섬 중 하나인 바누아 레부의 대부분을 자기 세력하
에 두고 있었다.

4. 미국 영사저택 약탈사건

1849년 누쿨라우Nukulau 섬에 있던 미국 초대 영사 윌리엄즈John
B. Williams의 저택에 방화[放火]로 의심되는 불이 나자 원주민들이 약
탈을 감행했다. 윌리엄즈는 미화 5,000달러 38센트에 달하는 재산
피해를 입었다고 주장했지만 사실 누쿨라우 섬은 1847년에 30달러
정도의 물건과 바꾼 것이었고, 집값은 200달러 정도밖에 나가지 않

았다. 이 외에도 미국인이 원주민에게 피해를 입는 일이 흔했다. 1853년 로보니족이 레부카에 불을 질렀을 때 적지 않은 재산피해를 보았으며, 나무카Namuka에서는 미국인 2명을 원주민 강도들이 때려죽였다. 미국 상선 역시 원주민의 공격을 받곤 했다.

1855년 윌리엄즈 영사의 저택에 또 불이 났다. 윌리엄즈는 곧장 미국 정부에 도움을 요청했고, 이에 따라 미 해군 순양함 애덤즈 호USS John Adams가 사건을 조사하러 도착했다. 미국이 요구한 피해보상액은 미화 5,000달러에서 4만 3,351달러로 크게 올랐고, 사건의 책임은 다콤바우에게 돌아갔다. 그 이유는 단순했는데 다콤바우가 스스로 피지 왕이라 주장했기 때문이었다. 다콤바우는 애덤즈 호에 끌려가 2년 내에 피해보상금을 지불하고, 그렇지 못할 경우 다음번에 피지로 오는 미 해군함정에 의해 처벌을 받겠다는 약정서에 서명했다.

물론 다콤바우는 위협이 두려워 어쩔 수 없이 서명했을 뿐이었다. 애덤즈 호가 떠나자 다콤바우의 두려움은 이내 사라졌으며 그 후 3년간 아무 일도 일어나지 않았다. 그러나 1858년 미 해군의 밴달리어 호USS Vandalia가 레부카로 와 다콤바우를 다시 배로 불러들였다. 다콤바우는 이자까지 모두 합쳐 미화 4만 5,000달러로 늘어난 피해보상금을 1년 내에 모두 갚겠다고 약속했다. 이러한 미국의 위협은 피지의 장래에 엄청난 영향을 미치게 된다. 두려움에 떨던 다콤바우는 어처구니없게도 영국이 이 빚을 대신 갚아 준다면 영토를 이양하겠다고 제안했던 것이다.

밴달리어 호

5. 영토이양 제안

다콤바우는 미국에 진 빚을 갚을 능력이 없던 데다 마푸의 세력이 벵가와 라키라키Rakiraki에 이르기까지 커지자 큰 어려움에 빠졌다. 그는 곤경을 면해 보려 1857년에 부임한 영국 영사 프리처드William T. Pritchard에게 접근해 8만 2,000헥타르hectares에 달하는 피지 땅을 영국에 넘겨주겠다고 제안했다. 조건은 두 가지였다. 첫째 조건은 그가 피지 왕의 타이틀을 유지한다는 것이었고, 두 번째는 영국이 빚을 대신 갚아 주어야 한다는 것이었다.

프리처드는 통아가 피지에서 세력을 넓히는 것에 반대했으며, 또 남태평양에서 독일 교역상의 활동이 늘어나는 것을 좋게 보지 않았다. 게다가 내전으로 갈가리 찢어진 피지에서 유럽인 정착민 수가 급격히 늘어나고 있기 때문에, 이들을 보호하기 위해서라도 영국이 적극적으로 개입해야 한다고 믿고 있었다. 프리처드는 즉시 영국으로 떠났다. 피지가 목화 플란테이션을 운영하는 데 아주 좋은 조건을 갖추고 있으며, 파나마와 오스트레일리아를 오가는 상선을 위한 중간기항지이자 훌륭한 해군기지가 될 수 있다는 사실을 널리 알려 영국 정부가 피지의 제안을 받아들이도록 설득하기 위해서였다.

식인종 전사

프리처드는 피지로 돌아온 후 주요 족장들을 모두 소집해 회의를 열었다. 그는 회의 석상에서 마푸에게 피지에서 얻은 기득권을 포기할 것을 권했고, 그가 점령한 땅을 피지에 돌려주라고 설득했다. 프리처드의 설득에 넘어가 영토 이양에 찬성한 마푸와 다른 족장들은 ① 기독교인을 보호하고, ② **식인**[食人]과 영아살해를 멈추고, ③ 유럽인이 토지소유권과 교역권을 갖는다는 문서에 서명했다. 이들은 또 프리처드에게 피지의 실질적 통치권을 넘겨주어 필요하다고 생각하면 어떤 법이든 만들 수 있도록 했다.

마푸와 족장들의 지지를 얻은 프리처드는 우선 법원을 만들어 유럽인 사이의 다툼을 조정하도록 했고, 유럽인 - 원주민 간의 토지

분쟁에 대한 판결을 내렸다. 즉, 토지거래가 정당하다고 판단되면 유럽인에게 소유권을 줬지만 불공정하다고 생각되면 즉시 땅을 원주민에게 되돌려주도록 했다. 프리처드는 피지에 법과 질서를 확립하려 진정으로 애썼으나 인기가 점점 떨어졌다. 일부 토지분쟁에서 유럽인에게 불리한 판정을 내렸고, 유럽인이 피지인 처[妻]를 사는 것에 반대했으며, 가톨릭과 개신교(웨슬리언) 성직자 사이에 일어난 싸움에서 가톨릭 편을 들어 웨슬리언들의 분노를 샀던 것이다. 불만이 커지자 영국 외무성은 그에게 다른 사안에는 절대 관여하지 말고 영사업무에만 전념하라는 엄중한 경고를 내렸다.

6. 영국의 거부: 스마이드 보고서

한편 피지 외부에서도 영토이양 제안을 지지하는 움직임이 나타났다. 오스트레일리아의 뉴 사우스 웨일즈New South Wales 감리교단, 웨슬리언 선교협의회Wesleyan Missionary Society, 아보리지니스 보호협회 Aborigines Protection Society 등은 모두 영국 정부에게 피지의 영토이양 제안을 받아들이라고 강력히 요청했다. 피지에서 선교활동을 원활히 하기 위해서는 우선 법질서가 확립돼야 한다고 생각했던 것이다. 피지에서 재배된 목화 샘플을 보고 감탄한 면방직 업체 역시 압력을 넣었다. 또 뉴 사우스 웨일즈 의회와 빅토리아 의회도 탄원서를 보내 영국 정부가 제안을 받아들일 것을 요구했다. 만약 미국이나 프랑스 같은 다른 열강이 피지를 차지하면 남태평양에서 영국 상선의 운항뿐만 아니라 오스트레일리아 자체의 안보가 위협받을지 모른다고 걱정했기 때문이었다.

결국 영국 정부는 육군 대령 스마이드W. J. Smythe를 판무관commissioner으로 임명해 상황을 파악하기로 했다. 스마이드의 임무는 피지로 가 다음과 같은 사안들을 직접 눈으로 보고 판단하는 것이었다. 피지가 파나마와 호주를 오가는 영국 배들의 중간기항지가 되기에 적합한가? 피지에서 목화를 대량으로 생산할 수 있는가? 원주민의 야만적 습성을 없애는 것이 가능한가? 피지를 얻는 것이 남태평양에서 영국의 힘을 키우는 데 보탬이 되는가? 피지 전역에 뿔뿔이 흩어져 있는 유럽인 정착촌이 살아남을 수 있을 것인가? 피지의 토지임대 방식은 어떻고, 원주민이 과연 땅을 정부나 개인에게 팔려 할 것인가? 1860년 뉴질랜드를 거쳐 피지에 도착한 스마이드는 10개월 동안 여러 곳을 돌아다니며 수많은 족장들과 대화를 나눴다. 그러나 중요한 정보의 대부분을 프리처드 영사에 반대하는 선교사들에게서 얻었기 때문에 피지를 영국의 식민지로 삼는 게 바람직하지 않다는 결론을 내렸다.

스마이드의 보고서는 몇 가지 중요한 내용을 담고 있었다. 첫째, 다콤바우는 그가 주장한 것과 달리 피지 왕으로 인정받지 못하고 있으며, 이양하겠다고 약속한 땅도 그의 것이 아니기 때문에 영토이양 제안은 단지 미국 빚을 갚기 위한 책략에 불과하다는 것이었다. 둘째, 동행한 식물학자의 긍정적 평가에도 불구하고 피지가 목화재배에 적당치 않다고 보고했다. 셋째, 피지가 파나마와 오스트레일리아를 오가는 배들의 중간기항지로도 적합하지 않다고 판단했다. 피지가 정규항로에서 벗어나 있을 뿐만 아니라 산호초로 둘러싸여 있어 매우 위험하다고 보았기 때문이었다. 넷째, 식민정부를 유지하기 위해 필요한 엄청난 재원을 현지에서 조달할 수 없다는 것이었으며, 마지막으로 피지인은 야만적 습성을 가진 미개인이기 때문에 통제하기 어렵다고 보고했다. 이처럼 부정적인 스마이드의 보고서에 따라 영국 정부는 1862년 이양제안을 공식적으로 거부하고 프리처드를 영사 직에서 해임했다.

7. 부족연합의 출범과 붕괴

1860년대에 수많은 유럽인이 목화, 해삼, 코코넛 오일과 거북 등껍질 장사를 하려고 피지로 몰려들었다. 이들은 중국에 가져다 팔 물건을 구하기 위해 잠시 들른 교역상이 아니라 아예 피지에 정착하려고 온 사람들이었다. 물론 유럽인 정착민들은 원주민 부족 사이의 내전 때문에 피해를 입을까 두려워했다. 실제로 원주민들은 난파선과 외진 유럽인 농장을 습격했을 뿐만 아니라 팔 물건을 보관하고 있는 창고를 약탈했다.

정착민들은 피지로 오는 유럽의 해군함정이 원주민 약탈자를 엄히 처벌해 줄 것을 원했고, 법질서를 확립할 수 있는 강력한 중앙정부가 만들어져 농장에 노동력이 안정적으로 공급되기를 희망했다. 이러한 상황에서 스마이드 영사는 만약 영국의 식민통치가 불가능하다면 대신 '고매한 유럽인의 도움을 받는 현지인 정부a native government aided by respectable Europeans'를 세우자고 제안했다.[10] 결국 이

제안이 받아들여져 1865년 신임 존스H. M. Jones 영사가 음바우, 레와, 라켐바, 음부아, 다카우드로베이, 마쿠아타와 난두리Naduri의 족장들을 레부카로 불러들였다. 부족연합confederation을 만들기 위해서였다

부족연합 아래에서 새로운 정치질서가 만들어졌다. 각 족장이 자기 지역을 예전과 같이 통치하면서 지역대표로 구성된 의회General Assembly가 국가 전체의 사안을 다루게 된 것이다. 그런데 의회의 주된 일은 내전을 억제하는 것이었다. 즉, 의회의 동의를 얻지 않으면 부족 간에 전쟁을 할 수 없게 했고, 또 의회가 불필요한 싸움을 하지 못하도록 감시하는 역할을 맡도록 했다. 의회의 의장은 매년 새로 뽑도록 했다. 그러나 이러한 정치질서는 2년이 채 안 돼 무너져 버렸다. 족장들이 생소한 의회정치에 적응하지 못했을 뿐만 아니라, 각 족장에게 배속된 유럽인 정무비서관secretary들이 유럽인 농장주의 이해관계에 따라 의회정치를 조종하려 했던 것이다. 특히 다콤바우에게 배속된 드루D. H. Drew와 마푸에게 배속된 스완스턴R. S. Swanston 같은 이들은 강력한 권력을 휘둘렀다. 게다가 부족연합은 결정된 정책을 집행할 수 있는 수단(공무원이나 경찰)이 없었다.

1867년 마푸가 의회의 의장직을 놓고 다콤바우와 맞대결을 벌이자 그렇지 않아도 취약한 부족연합은 결국 뿌리부터 흔들리기 시작했다. 마푸는 의회에서 강력한 지지세력을 확보하고 있었지만 통아의 힘이 커지는 것을 두려워 한 족장들이 마푸를 의장으로 뽑는 대신 부족연합에서 이탈했던 것이다. 이들이 빠져나가자 부족연합은 즉시 붕괴되고 말았다.

---

10) Donnelley, *et al.*(1994), 앞의 책, p.28.

8. 북동연합과 음바우 왕국

부족연합이 무너진 후 마푸와 다콤바우는 따로 정부를 만들었다. 마푸는 북동연합Confederation of the North and East을, 다콤바우는 서부지역 음바우 왕국Kingdom of Bau을 맡아 피지를 둘로 나눠 통치하게 되었다.

라우 섬, 다카우드로베이와 음부아 섬을 관할했던 마푸의 북동연합은 안정적인 정치질서를 확립하는 데 성공했다. 각 부족의 통치는 이전과 같이 족장이 맡게 했고, 세금 걷는 일을 포함해서 연합 전체에 관련된 일은 의회가 담당하도록 했다. 마푸는 모든 성인남자에게 일정한 넓이의 땅을 나누어 주고, 그곳에서 생산되는 코코넛 오일에 세금을 부과했다. 이러한 마푸의 조치는 원주민 사이에서 큰 인기를 끌었다. 또 마푸는 받은 땅을 놀리는 원주민의 땅을 유럽인 목화농사꾼에게 빌려 줬다. 이는 놀고먹는 원주민에게 벌을 주는 동시에 유럽인들로부터 세를 받아 재정을 늘리는 아주 효과적인 방법이었다. 북동연합의 초대 수장Chieftain Supreme은 마푸가 아닌 수뇌족장 다카우Tui Dakau였지만 실권은 어디까지나 마푸의 손에 놓여 있었다. 스완스턴은 여전히 마푸의 정무비서관으로 일했고, 나중에 영국의 대리영사가 되었다.

음바우 왕국의 헌법에 따르면 다콤바우는 북동연합이 통치하고 있는 지역을 뺀 나머지 지역에서 왕의 권한을 행사하도록 되어 있었다. 왕은 법을 제정하고, 세금을 걷고, 원하면 언제든지 족장들을 소집할 수 있었다. 또 국무장관Secretary of State, 국방장관Minister of War,

국세청장Collector – General of Revenue과 경찰장관Minister of Police 직이 새로 만들어졌다. 다콤바우를 도와 국정을 끌어갈 정무비서관으로는 미국인 세인트 존S. A. St John과 1865년 부족연합이 처음 만들어졌을 때부터 그를 도운 드루가 임명되었다.

음바우 왕국의 중심지 음바우 섬

그러나 음바우 왕국의 정치질서는 바로 허물어졌다. 유럽인 정착민 대부분은 세금을 내지 않았고 그 때문에 국고가 텅 비게 되었다. 게다가 1867년 미 해군의 터스카로라USS Tuscarora 호가 도착해 밀린 빚을 갚으라고 강요했고, 두려움에 떨던 다콤바우는 또 다른 약정서에 서명할 수밖에 없었다. 음바우 왕국의 유럽인 장관들은 돈도 권한도 없었다. 따라서 대부분이 사임해 다른 인물로 바뀌었으며, 결국 다콤바우는 홀로 통치할 수밖에 없었다. 게다가 1867년 **싱아토카 계곡**Sigatoka Valley에서 웨슬리언 선교사인 베이커 목사Rev.

Thomas Baker가 원주민들에게 살해당하는 사건이 일어났다. 다콤바우
는 살인자들을 처벌하기 위해 토벌대를 보냈으나 크게 패해 후퇴
했다.

싱아토카 계곡

음바우 왕국의 이 같은 실패는 족장들이나 유럽인들 모두 정부
를 지지하지 않았기 때문이었다. 사실 유럽인은 피지 전국을 안정
적으로 통치할 수 있는 정부를 만드는 데에 별 관심이 없었다. 이
들은 단지 정부를 원주민을 길들이기 위한 도구로 보았고, 그것이
제대로 안 되자 원주민 정부를 쓸모없다고 여겼다.

9. 폴리네시언 컴퍼니와 미국 빚 청산

1868년에 창립된 유럽인들의 땅 투기 회사 폴리네시언 컴퍼니는 빚 때문에 골머리를 앓던 다콤바우에게 구미가 당기는 제안을 했다. 영국으로 넘기려던 것과 같은 크기의 땅을 주면 미국에 진 빚을 대신 갚아 주겠다는 제안이었다. 다콤바우는 제안에 즉각 응했고, 더 나아가 회사가 받은 땅에서는 어떤 법이든 만들 수 있는 권한을 주었다. 회사는 이에 더해 통화와 은행업무, 관세, 항구세, 법원 운영, 교역과 상업에 관한 독점권을 갖기로 했다.

당시 영국의 대리영사였던 **써스턴**은 이처럼 터무니없는 약정에 대해 강력히 반대했다. 그는 다콤바우를 설득해 회사에 넘겨 줄 권한과 땅의 크기를 줄여 새로 약정서를 만들게 했다. 결국 약정이 체결돼 회사가 미국 빚을 대신 갚아 주었지만 기대한 만큼의 이익을 얻지는 못했다. 멜버른에 사는 일부 투자자만이 돈을 벌었고, 피지로 직접 건너와 수바 반도Suva Peninsula에 정착한 투자자 대부분은 파산하고 말았다. 그 여파로 수도가 라켐바에서 수바로 옮겨졌고, 수바 땅은 조각조각 팔려 오늘날 수바 중심부의 모습을 갖추게 되었다.

베이커 목사를 살해한 바투실라 부족 족장의 동생과 함
께한 써스턴(1886)

10. 피지 왕국의 출범과 사회혼란

　유럽인 정착촌이 점차 늘어나자 피지 전역을 통치할 수 있는 중
앙정부가 필요하다는 요청이 그 어느 때보다 많아졌다. 그런데 중
앙정부에서 원주민이 과연 어떤 역할을 맡아야 하는지에 대해서는
유럽인 사이에서도 의견이 서로 달랐다. 원주민을 완전히 배제하고
유럽인만으로 유럽인을 위한 정부를 구성해야 한다고 주장하는 사

람과, 유럽인과 원주민 모두를 위한 정부를 만들어야 한다고 주장하는 사람으로 견해가 갈렸다. 이 때문에 중앙정부가 갖춰야 할 모습에 대한 합의가 좀처럼 이루어지지 않았다.

그러던 중 1869년 3월 다콤바우를 피지 전체의 왕으로 세우려는 움직임이 다시 나타났으나 이 역시 실패로 돌아갔다. 유럽인이 다콤바우에게 세금을 내려 하지 않았을뿐더러, 새로 부임한 영국 영사 마치H. M. March가 영국인에게 두 명의 왕, 다콤바우와 영국의 빅토리아 여왕Queen Victoria(1837~1901 재위)을 동시에 섬길 수 없다고 못 박았기 때문이다. 게다가 다콤바우를 싫어하던 레부카의 교역상들은 프러시아, 미국과 영국에게 피지를 식민지로 삼으라고 권했다. 물론 제안은 모두 거절당했다.

1870년에 유럽인을 보호하기 위안 피지농경인 보호협회Fiji Planters' Protection Association가 레부카에서 결성되었다. 물론 이 협회는 유럽인을 원주민의 공격으로부터 보호하려는 목적으로 만들어졌다. 한편 유럽인이 완벽한 통제권을 쥐는 것에 반대했던 스완스턴과 같은 친[親]원주민파 유럽인은 만약 평화로운 해결책을 찾기 원한다면 유럽인 정착민들이 "원주민 지도자들과 손잡고 일해야 한다work with the native rulers of the land."11)는 주장을 피지 신문인 피지 타임스*Fiji Times*를 통해 펼쳐 나갔다. 많은 사람들이 스완스턴을 지지하자 협회가 해산되어 피지정착민 회사Corporation of Fiji Settlers로 대체되었다. 물론 이 새로운 조직 역시 유럽인과 그들의 농장을 보호하려는 목적을 갖고 있었지만, 홀로 활동하기보다는 원주민 족장들의 협력을 얻으려 했다. 또 원주민에 대한 유럽인의 학대를 막아 보려는 노력

---

11) Donnelley, *et al.*(1994), 앞의 책, p.31.

도 기울였다.

1871년 6월 5일 다콤바우가 드디어 피지 왕국의 왕으로 추대되었다. 제대로 된 절차를 밟지 않고 만들어진 다콤바우의 새 정부에 대한 반대가 만만치 않았지만 수많은 사람들이 중앙정부의 필요성을 절감하고 있었고, 마푸를 포함한 모든 족장들 역시 다콤바우를 왕으로 인정하게 되었다. 그러나 1873년 중엽에 이르러 새 정부 역시 실패한 정부라는 것이 밝혀졌다. 정부에 참여한 유럽인들은 경험에 있어서나 인품에 있어서 모두 적격자가 아니었던 것이다. 각 부처의 장관들은 돈을 함부로 썼고 정부는 곧 커다란 빚더미 위에 올라앉았다.

게다가 자기 땅을 지키려는 원주민이 유럽인 농장을 공격하는 사건이 연이어 발생했다. 사건 가운데 하나는 음바Ba의 부니사모알라Vunisamoala에 있는 플란테이션에서 터졌다. 플란테이션 주인 한 사람이 자신의 농장 부근 골짜기에 사는 카이 콜로Kai Kolo족 원주민이 고기를 잡거나 고구마를 심는 것을 막았는데, 수하들에게 만약 원주민이 땅을 침입하면 쏘아 죽이라 명령했던 것이다. 결국 1873년 2월 원주민 청소년들이 고기를 잡으려다 총에 맞아 죽자, 농장주 가족과 18명의 노동자들이 죽은 아들의 복수를 하려는 원주민들에 의해 살해되었다. 카이 콜로족을 처벌하려는 정부의 공격이 4월부터 9월까지 계속되어 이 골짜기 부족은 결국 항복하고 말았다.

당시 피지의 경제사정은 아주 좋지 않았다. 목화 값이 폭락해 유럽인 농장주가 큰 타격을 입었다. 원주민의 불만도 점점 커졌다. 중앙정부는 단지 유럽인 정착민의 이익만을 보호하려 했고, 원주민을 단순한 노동자로 취급했다. 수많은 원주민이 노예상태에 빠졌다. 이들은 인두세[人頭稅, poll tax]를 내지 못하면 일주일에 단지 1실링shilling의 임금을 받고 플란테이션에서 일하라는 처벌을 받았다.

그러나 유럽인은 세금을 거의 내지 않았다. 원주민 부족의 불만은 폭발 직전까지 이르렀고, 수많은 족장들이 다콤바우 왕국을 떠나기 원했다. 정부는 유럽인 농장주들이 원하는 방식으로 문제를 해결하지 못했고, 난드롱가Nadroga, 음바와 난디 부근에서는 원주민이 소요를 일으켰다. 이제 무엇인가 근본적인 해결책을 찾아야만 했다. 써스턴은 1873년 1월 영국 정부에 피지를 식민지로 삼으라고 또다시 청원했는데, 이번에는 성공이었다.

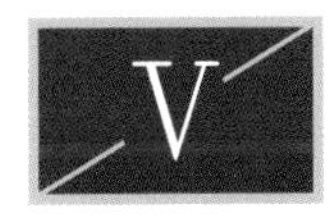

영국의 식민통치

1. 블랙버더

　피지에는 목화, 담배와 사탕수수 플란테이션을 운영할 노동력이 충분했지만, 원주민들은 천성적으로 일에 얽매이기 싫어했기 때문에 점차 일손이 부족하게 되었다. 게다가 족장들 역시 부족민이 낯선 곳에서 일하는 것을 좋아하지 않았다. 이렇게 되자 농장주들은 필요한 일손을 뉴 헤브리디즈나 **길버트 – 엘리스 섬**Gilbert and Ellice Islands 등 다른 곳에서 데려올 수밖에 없었다. 결국 1869년까지 2,000여 명의 노동자들이 피지로 건너왔고, 그 수는 몇 년 후 엄청나게 불어났다. 이 노동자들을 '폴리네시언 노동자Polynesian Labourers'로 불렀지만 사실 이들은 멜라네시언이었다.

길버트 – 엘리스 섬
피지와 사모아에 인접한 섬. 영국 보호령(1892~1916)과 식민지(1916~1974)였다가 1974년 길버트 섬은 키리바시Kiribati로, 엘리스 섬은 투발루Tuvalu로 분리 독립.

일손을 확보하는 일은 주로 노동자를 피지로 나르는 배의 선장이 맡았다. 선장은 족장들에게 뇌물을 주어 사람을 구하기도 했고, 머스킷과 일손을 바꾸기도 했고, 필요하다면 납치하기까지 하는 등 갖가지 방법으로 일손을 구했다. 그러면서 노동자들에게 계약조건을 알려 주기는 했으나 무식한 노동자들은 그 내용을 명확히 이해하지 못했다.

일손을 나르는 배의 선장들은 배를 가득 채워 돈을 버는 데에만 신경을 썼다. '**블랙버더**blackbirders', 곧 '검정새 몰이꾼'이라 불린 이들이 쓴 계략 중 하나는 선교사 흉내를 내 원주민을 속이는 것이었다. 충분한 수의 원주민이 설교를 듣기 위해 모이면 이들을 포위한 다음 배로 몰아가 억지로 태웠다. 물론 이러한 속임수는 진짜 선교사들을 큰 곤경에 빠뜨렸다. 또 다른 방법은 배로 다가온 카누를 가라앉혀 타고 있던 원주민을 구출하는 척하며 납치하는 것이었다. 페루에서 온 일손몰이꾼들은 주로 로투마 섬을 중간기항지로 삼았는데, 그 이유는 선교사나 유럽 여러 나라의 영사, 혹은 아피아Apia나 레부카로 오는 서양 전함의 눈을 피하기 쉬웠기 때문이다. 이런 식이었기 때문에 노동자를 피지로 나르는 배의 환경은 매우 열악했다. 조그마한 데다 갑판을 억지로 늘여 나무침대와 칸막이뿐인 좁은 공간에 가능한 한 많은 사람을 밀어 넣었던 것이다. 선장은 노동자 한 사람당 요즘 돈으로 100달러 정도를 받았다.

노동자들을 억지로 배에 태우는 블랙버더

한편 농장주들은 일손을 구하고 피지로 나르는 비용을 모두 떠맡았다. 그리고 일손이 급했던지라 노동자들이 어디에서 왔는지 전혀 신경 쓰지 않았다. 계약기간은 보통 3년이었지만 때에 따라 5년까지 늘어났다. 임금은 1년에 20~60달러였고, 식사와 옷가지를 제공했으며, 노동자가 원할 경우 돌아가는 공짜 배편을 마련해 주기로 했다.

임금은 돈 대신 칼, 머스킷, 유기brassware 같은 물건으로 주었다. 이들이 돈을 갖고 고향으로 돌아가 보았자 쓸모가 없었기 때문이다. 물론 노동자들에게 준 물건 값이 약속한 임금에 미치지 못하는 경우도 있었다. 그렇지만 전반적으로 농장주들은 노동자를 잘 대해 주었다. 그러나 목화 값이 폭락해 노동자의 귀향에 필요한 여비를 댈 능력이 없는 농장주가 늘어나자, 고향으로 보내 준다는 약속을 아예 지키지 않거나 고향으로 데려다 주는 대신 근처 아무 섬에나 떨어뜨려 버리는 일도 있었다. 그래서 피지가 영국에 합병될 즈음해서는 계약이 끝나 버렸어도 고향으로 돌아가지 못한 노동자들이 수백 명에 달했다.

2. 일손거래의 규제

　1867년에 이르자 영국과 오스트레일리아 사람들이 블랙버더의 만행에 관심을 두기 시작하여 오스트레일리아의 퀸즐런드 정부Queesland Government는 폴리네시언 노동자법Polynesian Labourers Act(1868)을 통과시켰다. 영국과 오스트레일리아가 블랙버더의 만행을 제지하려 했던 주된 이유는 어디까지나 자국민을 보호하기 위해서였다. 일손거래 문제로 피지에서 소요가 일어나면 피지에 자리 잡은 자국민이 엄청난 피해를 입을 수 있기 때문이었다. 이러한 목적으로 만들어진 폴리네시언 노동자법은 ① 일손을 나르는 모든 배는 항해 중 노동자들에게 좋은 환경을 제공해야 하고, ② 계약이 끝난 노동자들을 반드시

블랙버더와 원주민 수하

고향으로 돌려보내 준다는 약속을 해야 면허를 얻을 수 있으며, ③
이를 어길 경우 면허를 빼앗는다고 규정하여 일손거래를 통제했다.

그러나 이 법은 단지 퀸즐런드로 들어오는 배에만 적용될 뿐이
었다. 이에 따라 블랙버더들은 법의 적용을 받지 않는 수많은 남태
평양 섬들에 눈을 돌렸고, 피지 역시 예외가 아니었다. 레부카에서
는 써스턴이 법을 어긴 배들의 면허를 빼앗았지만 피지로 오는 유
럽 군함에게 불법사례를 보고하는 것 이외에는 처벌할 수 있는 방
법이 달리 없었다. 예컨대 다프니Daphne 호와 챌린지Challenge 호 등
두 배의 선장이 너무 많은 사람을 태웠다는 이유로 체포되었으나
노동자를 퀸즐런드가 아닌 피지로 데려오고 있었기 때문에 기소할
수 없었다. 게다가 피지에는 불법 일손거래를 통제할 수 있을 만큼
강력한 정부가 없었다.

그러다 영국 정부가 보다 적극적인 행동을 취하게 만든 두 가지
사건이 발생했다. 1871년 9월 블랙버더들이 누카푸Nukapu 섬을 왔
다 간 다음 패티슨 감리교 감독Bihsop Patteson이 원주민에 의해 살해
되는 사건이 터졌다. 같은 달에 두 번째 사건이 일어났다. 80여 명
의 노동자를 납치해 오고 있던 범선 칼Carl에서 폭동이 일어난 것이
다. 선원들은 폭동을 제압하기 위해 노동자들이 들어 있는 화물창
에 8시간 이상 총을 쏘아대 50명 이상이 죽고 부상을 입었다. 선장
은 죽은 사람들과 심하게 부상당한 사람들을 바다에 던져 버리라
명령했고, 모든 증거를 없앴다. 그러나 나중에 유럽인 승객 한 사
람이 모든 사실을 실토해 선장과 선원 한 명이 교수형에 처해졌다.
이 두 사건으로 인해 영국의 여론이 들끓었으며, 일손거래를 엄격
하게 규제하거나 아예 그만두게 하라는 목소리가 높아졌다.

그리하여 1872년 영국 정부는 폴리네시언 도서민 보호법Polynesian Islanders Protection Act을 통과시켰다. 이 법에 따르면 일손거래에 관여하는 모든 배는 면허를 받아야 했고, 또 500파운드의 보증금을 물어야 했다. 무력을 사용하거나 사기를 쳐 일손을 구하는 것은 범죄가 되었다. 이런 방식으로 퀸즐런드 법(폴리네시언 노동자법)의 허점이 메워졌지만 새 법 역시 모든 곳에 적용되지는 않았다. 게다가 노동자들이 도착한 이후의 처우상태를 감독하는 조항도 없었다. 결국 새 법 역시 만족스러운 것은 아니었으며, 이에 따라 아예 일손거래를 중지하라는 요구가 더욱 강하게 일었다. 특히 피지에서 일손거래는 적잖은 파장을 낳았다. 이제 영국 정부는 단순히 일손거래 문제를 해결하는 것을 넘어서서 강력한 원주민 정부를 세워야 상황이 개선될 수 있다는 것을 깨닫게 되었다. 이러한 상황 때문에 영국은 피지의 영토이양 제안을 보다 적극적으로 검토하기 시작했다.

3. 식민시대의 개막

블랙버딩에 대한 여론이 더욱 나빠지자 영국 의회는 1873년 6월 13일 아예 피지를 식민지로 삼거나 아니면 블래버딩을 근절할 수 있는 강력한 현지 정부를 세워야 한다는 결의를 통과시켰다. 또 뉴사우스 웨일즈의 총독 **로빈슨 경**Sir Hercules Robinson(1824~1897)은 다콤바우 왕의 수석보좌관 써스턴의 보고를 받고 다콤바우 정부가 무너지기 직전이며, 내전이 언제든 터질 수 있다는 점을 강조한 편지를 영국 식민청Colonial Office으로 보냈다. 내전이 일어나면 피지로 이주한 영국과 오스트레일리아 사람들을 보호할 수 없었던 것이다. 따라서 영국으로서는 어떻게든 내전을 막아야 할 충분한 이유가 있었다. 써스턴 역시 다콤바우의 요청에 따라 1873년 1월 31일 영국 정부에 전보를 보내 이양제안을 받아들일 것을 다시 한 번 간청했다.

허큘리스 로빈슨 뉴 사우스 웨일즈 총독

당시 영국 총리 글래드스턴 William Gladstone은 태평양에서 '간섭최소화minimum intervention' 정책을 유지하던 자유당Liberal Party 소속이었고, 그 자신도 대영제국의 영향권을 확장하는 데 별 관심을 두지 않았다. 게다가 피지를 식민지로 만들어 영국이 얻을 수 있는 이득이란 보잘 것 없었다. 그러나 의회에서 오랜 토론 끝에 글래드스턴은 피지로 조사단을 파견하는 데에 동의했다. 조사단원으로는 영국 해군의 오스트레일리아 기지Australia Station 사령관 굳이너프 제독Commodore J. G. Goodenough과 피지의 새 영국 영사 레이어드E. L. Layard가 뽑혔다.

조사단의 임무는 다콤바우 정부가 유럽인 정착민과 원주민으로부터 어느 정도 지지를 받고 있는지, 그리고 만일 식민정부를 세운다면 과연 통치에 성공할 것인지를 파악하는 것이었다. 1873년 말

피지에 도착한 조사단은 상황이 듣던 것과 아주 다르다는 것을 깨달았다. 다콤바우와 써스턴이 갑자기 태도를 바꾼 것이다. 써스턴의 전문은 영국이 만약 피지가 이양제안을 하면 관심이 있는지 물었을 뿐이라는 것이었다.

이처럼 모호한 상황은 써스턴이 새로 만들어진 피지 왕국 헌법을 시험해 보기를 간절히 원했기 때문에 나타난 것이었다. 게다가 마푸가 이양제안을 강력하게 밀자 그를 가장 위험한 경쟁자로 보고 있던 다콤바우는 이양을 주저하게 되었고, 이에 따라 음바우에서 열린 족장회의에서 피지를 영국에 이양하지 않기로 결정했다. 그러나 이 회의가 열릴 즈음 이양의 필요성을 더욱 절감하게 된 굳이너프 제독과 레이어드 영사는 단지 상황만을 보고하라는 정부의 지침을 어기는 행동을 감행했다. 다콤바우와 족장들에게 이양을 영국에 다시 한 번 제안하라 설득했던 것이다. 드디어 1874년 3월 21일 이양제안이 또다시 이루어졌고, 조사단은 영국 정부에 제안을 받아들이라고 다음과 같이 촉구했다.

> *…이 섬에는 더 이상 희망이 없습니다. 여왕 폐하의 정부가 이양제안을 거부한다면 **영국 정착민들을 내버리는 셈이고, 원주민 정부의 혼란을 가중**시킬 뿐입니다. 우리는 피지가 식민지로서 매우 번창하는 정착지가 되리라 생각합니다….12)*

이에 영국 정부는 로빈슨 총독에게 피지로 직접 가 이양을 놓고 족장들과 담판을 벌이며 무조건 임시정부를 세우라는 지령을 보냈다. 1874년 10월 10일 드디어 양측은 레부카에서 이양각서Deed of

---

12) Donnelley, *et al.*(1994), 앞의 책, p.37.

Cession에 서명했으며, 이에 따라 피지는 공식적으로 영국의 식민지가 되었다. 영국이 자원이 빈약한 피지를 식민지로 삼은 대외적 이유는 비인간적이자 불법적인 일손거래가 계속되는 피지의 사정을 개선한다는 것이었다. 그러나 실제로는 블랙버딩으로 인해 들끓고 있던 여론을 가라앉히고, 피지에 정착한 자국민을 보호하기 위한 것이었다.

비록 영국의 식민통치가 시작되었으나 다콤바우와 마푸는 모두 일정한 정치적, 경제적 위치를 보장받았다. 즉 다콤바우는 피지 왕 *Vunivalu*의 타이틀, 연 1,500파운드 가량의 연금과 요트 한 척을 얻었고, 마푸는 라우 왕*Roko Tui Lau*으로서의 공식적 직함을 인정받았다. 다콤바우는 식민정부가 들어선 이후 1883년 세상을 떠날 때까지 총독과 협조하면서 족장들로부터 조공을 받는 등 강력한 정치적 영향력을 유지했다. 마푸 역시 식민정부가 세워진 이후에도 라우 섬을 계속 통치했으며, 따라서 식민정부는 라우에서 정책을 추진하는 데 그의 힘을 빌리지 않을 수 없었다. 1881년 그가 세상을 떠나자 피지에서 통아인의 세력은 완전히 무너지고 라우 왕의 타이틀은 원주민인 나야우에게 넘어갔다. 대부분의 통아인은 고향으로 돌아갔다. 통아의 힘은 마푸 개인의 뛰어난 지도력으로부터 나온 것이었고, 통아 사람들은 다른 이를 섬기기 원치 않았기 때문이다.

4. 식민정부의 설립

영국은 간접통치 방식으로 식민지 피지를 지배했다.[13] 1874년 9월 23일 피지로 온 로빈슨 경은 임시정부를 설립하고 다음 해에 **고든 경**Sir Arthur Gordon(1829~1912)이 정식 총독으로 부임할 때까지 임시총독의 역할을 맡았다. 다콤바우 왕을 돕던 레이어드, 써스턴과 스완슨은 각기 부총독, 식민행정장관Colonial Secretary과 원주민장관 Secretary for Native Affairs으로 임명되었다. 기본적인 정부제도로서는 행정위원회Executive Council와 입법위원회Legislative Council가 설치되고, 유럽인과 원주민이 같이 이끄는 사법부가 마련되었다. 또 과거의 토지거래가 공정히 이루어졌는가에 대한 조사가 끝날 때까지 모든 토지거래를 금지하고, 1868년 제정된 폴리네시언 노동자법을 피지에도 적용하기 시작했다. 다콤바우 왕국이 걷었던 세금은 모두 없어지고 보다 공평한 세제가 도입되었다.

1875년 6월 정식으로 부임한 고든 총독은 이미 트리니다드

아서 고든 초대 피지 총독

13) Lal, Brij V. 2006. *Islands of Turmoil, Elections and Politics in Fiji*. Canberra, Australia: ANU E Press and Asia Pacific Press, p.2.

Trinidad, 모리셔스Mauritius 등 영국 식민지에서 상당한 경험을 쌓은 유능한 식민행정관료였다. 그는 트리나다드와 모리셔스에서 그랬던 것처럼 식민지의 고유한 전통을 존중하는 정책을 펴 나갔다. 즉, 식민통치의 기본 원칙으로서 '피지의 고유한 생활방식Fijian Way of Life'[14]의 보호를 앞세우며 직접통치보다는 정치사회적 관습을 이용한 간접통치 방식을 택했다.

고든 총독이 첫 번째로 한 일은 전염병 때문에 생긴 사회불안을 잠재운 것이었다. 그가 피지에 도착할 즈음 전혀 생소한 전염병인 홍역이 갑자기 퍼져 총인구의 25%가 죽는 사건이 발생했다. 원주민들은 다콤바우와 그의 아들이 오스트레일리아를 방문하고 돌아오는 길에 홍역을 가져왔다고 믿었다. 또 산간 부족들은 유럽인이 일부러 병을 퍼뜨려 그들을 죽이려 한다고 생각해 기독교를 믿는 원주민 촌락을 습격해 많은 사람을 죽이고 잡아먹었다. 고든 총독은 반란을 당장 진압하지 않으면 추종자가 불어나 점점 더 통제하기 힘들 것이라 판단했다. 그래서 비티 레부 해안 부족들의 도움을 받아 싱아토카 골짜기로부터 시작해 반란을 진압하는 데 성공함으로써 전염병으로 인한 사회불안을 잠재울 수 있다.

두 번째 일은 땅의 소유권을 분명히 하는 것이었다. 총독은 족장이나 부족이 이미 소유하고 있는 땅, 앞으로 족장이나 부족이 사용할 예정인 땅, 유럽인이나 다른 외국인이 소유하고 있는 땅을 제외한 나머지 땅을 모두 국왕의 영토crown land, 즉 식민정부의 땅으로 선언했다. 또 유럽인의 토지소유권은 땅을 공정하게 샀다는 사실을

---

14) V. Naidu · 김웅진. 2009. "피지의 쿠데타 정치: 다인종민주주의 – 인종국수주의의 진자(振子)." 『국제지역연구』12:4, p.93.

증명한 후에야 확인해 주었고, 이를 위해 1875년 토지소유권 청구 심사위원회Land Claims Commission를 설치하여 약 16만 4,000헥타르를 유럽인 소유로 최종 인정했다.

고든 총독은 피지 땅이 원칙적으로 원주민의 것이 되어야 한다고 확신했다. 그는 "피지 사람을 잘 아는 사람이라면 만약 그들을 땅에서 떼어 놓으면 모두 죽을 것이라는 점을 깨닫고 있을 것"15) 이라 주장하며 크라운 랜드를 제외한 모든 땅은 오직 원주민만이 가질 수 있고, 팔려면 정부에게 팔아야만 한다는 법을 통과시켰다. 이러한 정책은 오늘날까지 거의 변하지 않고 계속되어 원주민이 전 국토의 약 83%를 갖고 있다.

일단 전염병 문제와 땅 문제 등 급한 문제를 해결한 고든 총독은 식민통치조직을 정비하기 시작했다. 피지식 생활의 보호를 식민통치의 가장 기본적인 원칙으로 내세운 그는 전통적인 사회구조와 관습을 반영하는 통치조직을 만들어 원주민이 참여할 수 있는 길을 열어 놓기 원했다. 그 결과 새로운 식민행정조직이 만들어졌다.

새로운 식민행정조직은 원주민법Native Affairs Ordinance(1876)에 따라 총독 바로 밑에 족장대평의회와 원주민관리위원회Native Regulation Board 등 두 개의 자문기관을 두는 형태였다. 그리고 그 밑으로 주Province → 군District → 촌락Village의 구조를 이뤘다.

---

15) Donnelly, *et al.*(1994), 앞의 책, p.40.

식민 초기의 행정조직

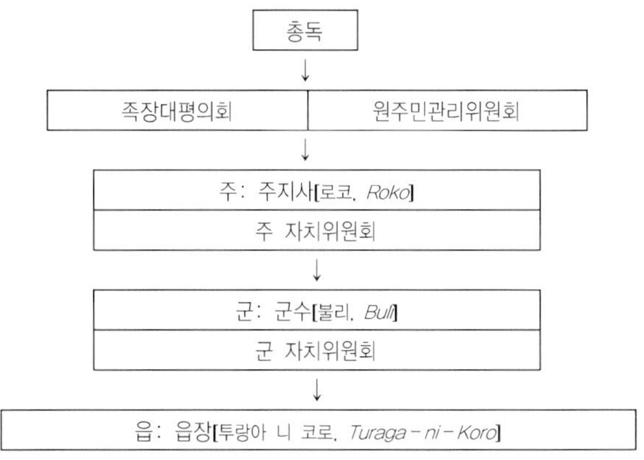

식민 초기의 족장대평의회는 각 지역 수뇌족장들로 구성된 총독의 자문기관이었다. 그리고 각 주와 군에 설치된 자치위원회council를 대표하는 전국적 위원회로서 원주민관리위원회와 더불어 원주민 생활 전반에 관한 법을 제정하는 역할을 맡았다. 그러나 이 기관은 후에 식민정부의 간접통치를 돕는 원주민 최고의 권력기관으로 자리 잡게 된다. 또 고든 총독은 원주민토지법Native Lands Ordinance(1880)을 제정해 땅의 공동소유communal ownership, 즉 촌락소유제를 도입해 1970년대까지 지속된 식민통치의 제도적 기반을 세웠다.

5. 식민통치제도의 변화

고든 총독이 세운 식민통치제도는 피지 사회가 서서히 근대화되면서 상황에 맞게 변화했다. 우선 1945년에 피지사안법령Fijian Affairs

Ordinance이 공포되어 원주민관리위원회가 피지청Fijian Affairs Board으로 바뀌었고, 책임자의 직함 역시 어드바이저Advisor on Native Affairs로부터 장관Secretary for Fijian Affairs으로 변했다.

피지청은 입법위원회와 행정위원회 그리고 족장대평의회 사이의 연결통로로서, 총독에게 원주민의 복지증진을 위한 여러 가지 제안을 하는 동시에 원주민의 생활 전반을 규제하는 법Fijian Affairs Regulation을 제정하는 역할을 맡게 되었다. 즉, 지방행정법뿐만 아니라 영국 형사법에는 들어 있지 않지만 피지의 전통적 관습에서 보면 범죄에 해당되는 행위를 처벌하는 법까지 만드는 역할을 담당하게 된 것이다. 그 예로 어느 정도까지는 허락되던 케레케레(kerekere, 모든 물건을 함께 나누어 쓰는 관습16))의 남용을 처벌하는 법을 피지청에서 제정했다.

행정구역도 바뀌어 전국을 다시 북주, 남주 그리고 동주 이렇게 세 개의 주District로 나누고, 유럽인이 각 주의 지사District Commissioner를 맡도록 했다. 각 주에는 로코와 유럽인 행정관District Officer이 같이 관할하는 군Province, 그 아래에 읍(티키나, Tikina)과 면Village을 두었다. 이로써 피지청장관으로부터 면을 담당하는 투랑아 니 코로에 이르기까지 각 행정관료의 서열과 책임이 더욱 분명해졌다.

그런데 이처럼 행정조직이 세분화되면서 주지사 혼자서는 넓은 관할지역을 통제할 수 없게 되었다. 그래서 각 군에 유럽인 행정관을 두어 주지사를 돕도록 했다. 행정관은 재정과 학교 관리 등 군의 행정 전반에 걸쳐 원주민 관료를 감독하는 임무를 맡았다. 군수인 로코는 대부분 족장이었는데, 이는 해당 지역에서 상당한 영향

---

16) 이태주. 2000. "멜라네시아 토지 공동체주의와 전통의 정치." 『한국문화인류학』 33:1, p.172

력을 갖고 있는 원주민 지도자를 임명하는 것이 관례였기 때문이다. 이들은 식민행정예산으로부터 월급을 받는 정식 공무원이었으며, 법규가 제대로 지켜지는지 감독하는 등 주의 사회경제생활 전반을 지휘했다. 불리(읍장)는 로코가 해야 할 대부분의 일(세금 걷기, 법규 집행, 출생/사망신고 관리)을 대신하면서 아주 작은 월급을 받았다. 사실 불리는 평민도 임명될 수 있었다. 그러나 1960년대에 이르러서야 4명의 평민 불리가 탄생했다. 가장 낮은 지방행정관료는 읍장인 투랑아 니 코로였다. 이들은 각 촌락에서 여러 가지 식민정책 프로그램을 실제로 집행하는 지방행정의 주축이었지만 월급은 받지 못했다.

수쿠나 경

이러한 변화의 주역은 수뇌족장이자 식민통치하에서 피지 사회를 이끈 위대한 원주민 지도자 **수쿠나 경***Ratu* Sir Lalabalavu Sukuna(1888~1958)이었다. 1945년 피지청장관에 임명된 그는 식민행정의 궁극적 목표가 전통을 존중하면서도 교육을 통한 개혁을 추진해 민주사회를 만드는 것이라 믿었다. 그는 같은 생각을 갖고 있던 17대 총독(1942~1945) 밋첼 경Sir Philip Mitchell과 긴밀히 협조하여 개혁을 성공적으로 추진해 나갔다.

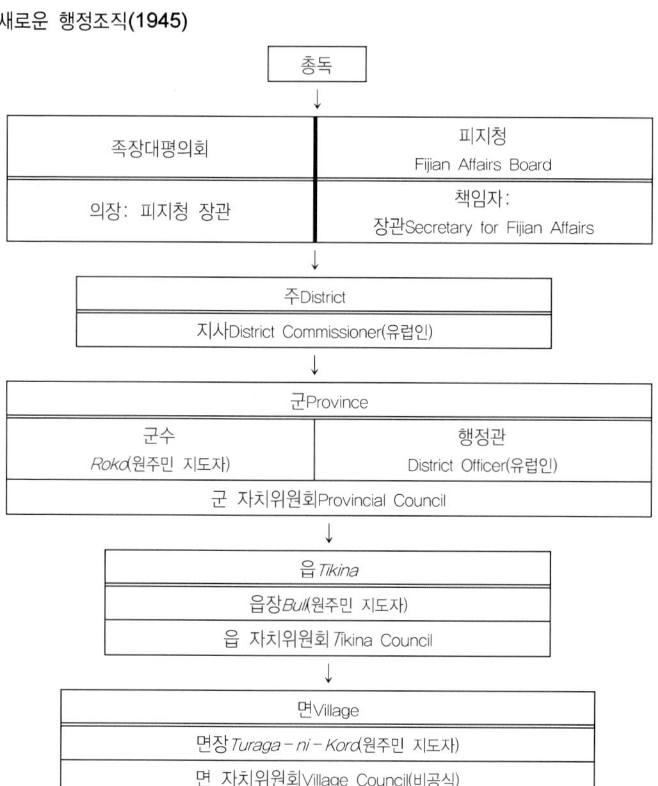

6. 인도인의 유입

식민통치가 시작되었을 때 피지 경제는 말 그대로 재정파탄에 빠져 있었다. 영국 정부는 급한 불을 끄기 위해 10만 파운드를 지원했지만 재정적자를 메우기에는 턱없이 부족했다. 경제를 회생시킬 수 있는 방법을 찾기 위해 고심하던 고든 총독은 과거 트리니다드와 모리셔스 총독을 거치면서 얻은 경험을 되살려 피지에 플란테이션 경제plantation economy를 건설하기로 마음먹었다. 총독은 이를 위한 첫걸음으로 1882년 오스트레일리아 식민제당회사Australian Colonial Sugar Refining Company(CSR)를 설득해 피지에 공장을 만들도록 했으나 노동력을 확보하기 어려웠다. 폴리네시언 노동자법이 피지에 적용되면서 피지로 들어오는 외국인 노동자의 수가 크게 줄었으며, 원주민을 플란테이션 노동자로 쓰는 것을 총독 자신이 극력 반대했기 때문이다. 원주민이 플란테이션에 투입되면 촌락이 무너지고, 더 나아가 전통적 생활방식 자체가 큰 타격을 받게 되리라 생각했기 때문이다.

사탕수수 플란테이션(1889)

고든 총독은 모자란 노동력을 채우기 위해 인도에서 계약노동자들을 데려오기로 했다. 이 계획을 실현하기 위해 피지 식민정부는 1878년 인도 식민정부와 협상, 인도인 노동자를 5년 계약 조건에 데려오기로 합의했다. 이들은 처음 5년 계약이 끝난 후 자비로 돌아갈 수 있었다. 그리고 그 후 5년간 계약을 연장하면(총 10년간 피지에서 일하면) 피지 정부에서 가족 전체가 귀국할 수 있는 비용을 대 주거나 피지에 영구적으로 머물 수 있도록 했다. 남자 100명당 반드시 여자 40명이 같이 가야 한다는 인도 식민정부의 다소 특이한 주장도 받아들여졌다. 이에 따라 1879년 5월 14일 498명의 인도인 계약노동자를 태운 리오니다스Leonidas 호가 피지로 출발하면서 1916년까지 지속된 계약노동제indenture system가 시작되었다. 37년간 총 6만 명이 넘는 인도인의 유입은 피지 사회에 엄청난 정치경제적, 사회적 파장을 가져왔고, 훗날 피지의 악명 높은 인종정치를 초래한 근원이 되었다.

피지 식민정부는 계약이 끝난 노동자에게 피지에 남도록 권했으며, 실제로 대부분의 계약노동자가 그대로 남아 피지의 '이질적' 국민으로 성장했다. 이들은 경제적이자 정치적인 이유에서 피지에 남았다. 계약노동자들은 사탕수수 농장에서 혹독한 노동에 시달렸지만 임금, 식사와 숙소를 안정적으로 제공받아 예전보다 훨씬 나은 생활을 할 수 있었다. 그래서 인도에서 겪은 극심한 빈곤을 면할 수 있는 기회를 피지에서 찾으려 했다. 또 플란테이션에서 함께 어울려 살면서 인도의 엄격한 신분제도인 카스트caste로부터 벗어날 수 있게 되었고, 더불어 인도의 전통적 의례와 의식으로부터 점점 멀어졌다. 카스트에 매인 인도인이 아닌 '인도 - 피지언'이라는 새로운 정체성이 형성되면서 인도로 돌아가지 않고 피지에 남는 계약노동자들이 크게 늘었다.

그러나 인도 식민정부와 영국 정부는 계약노동제의 극심한 노동 착취에 심각한 우려를 표명했다. 계약노동제에 대한 인도와 영국 여론 역시 매우 나빠졌다. 결국 인도 식민정부는 1915년 앤드루스C. F. Andrews와 피어슨W. W. Pearson을 피지로 보내 현황을 파악하게 했고, 이들이 착취상황에 관한 상세한 보고서를 제출하자 여론에 따라 1916년 계약노동자 선발을 완전히 중지했다. 진행 중이던 계약 역시 1920년 1월 2일부로 모두 해지했다.

1920년 계약노동제가 종료되자 피지 제당업을 완전히 장악하고 있던 CSR(오스트레일리아 식민제당회사)은 일손이 크게 부족해졌다. 그래서 CSR은 계약을 끝내고 원주민의 땅에서 농사짓는 인도-피지언에게 플랜테이션을 4헥타르 정도의 작은 농토로 조각내어 빌려 주는 새로운 토지이용 방법을 택했다. 이로써 인도-피지언 자영농들이 CSR로부터 땅을 빌려 생산한 사탕수수를 다시 CSR 제당공장에 납품하는 새로운 농업구조가 만들어졌다. 그 외의 인도-피지언은 단순노동이나 상업 등 여러 가지 직종에 종사했다. 그러면서 사업에 뛰어들어 크게 성공한 사람이 늘어났고, 오늘날에 이르러서는 인도-피지언이 피지의 상권을 쥐게 되었다.

계약노동제가 가져온 또 하나의 중요한 결과는 인도-피지언 정치조직이 최초로 만들어졌다는 사실이다. 계약노동제가 끝나자 사탕수수 값을 정하는 방식을 두고 분쟁이 끊이지 않았다. 그러다 제2차 세계대전을 전후해 인도-피지언 농민의 폭력시위와 파업이 계속 발생했다. 특히 1960년에 발생한 파업이 오랫동안 계속되자 CSR과 식민정부는 농민들과 협상을 진행해 사태를 일단락했다. 이러한 협상과정에서 인도 - 피지언의 정치적 결속이 강화되었고, 결국 1963년 비티 레부 섬 북부의 사탕수수 농민을 대표하는 국민연합당National Federation Party(NFP)이 출범했다.

7. 정치참여의 확대

초기 식민정부는 전형적인 영국 식민정부의 모습이었다. 총독이 전권을 행사했고 인민을 대표하는 정치제도는 전혀 없었다. 행정위원회는 총독을 보좌하는 자문기관에 불과했고, 입법위원회는 총독을 포함한 4명의 당연직 위원official members과 상업 및 농업계를 대표하는 3명의 비당연직 위원non - official members 등 모두 임명직 위원으로 구성되어 있었다.

그러다 1904년 최초의 헌법 개정을 통해 입법위원회가 총독, 10명의 당연직 위원, 6명의 선출직 위원elected members과 2명의 '원주민 의원' 등 총 19명으로 새롭게 구성되었다. 비록 불완전하지만 입법위원회가 인민을 대표하는 기관으로 변한 것이다. 선출직 위원은 유권자들의 투표17)로 선출했다. 유권자 자격은 ① 농업이나 설탕생산에 종사하는 유럽인 남성으로서, ② 연간 수입이 120파운드를 넘는 사람으로 한정했다. 이들은 식민정부의 정책을 비판할 수 있는 위치에 있었지만 실제로 별 영향력을 행사하지 못했다. 2명의 원주민 의원은 족장대평의회가 제출한 명단에서 지명했다.

---

17) 당시 원주민과 인도-피지언은 선거권이 없었다.

1910년 입법위원회 위원선거를 위한 선거구가 획정되어 각 선거구에서 1명의 유럽인 위원을 선출하도록 했다(수바는 2명). 그러나 원주민과 인도 – 피지언은 아직 선거권이 없었다. 1916년 임명직 의원의 수가 12명으로 늘고 최초로 인도 – 피지언 1명이 포함되었지만 유럽인의 이해관계에 맞는 사람을 임명했기 때문에 인도 – 피지언 사회를 대표한다고 보기는 어려웠다. 따라서 22,000명을 넘는 인도 – 피지언은 이에 대해 큰 불만을 갖고 있었다.

비쉬누 데오

1929년이 되서야 인도 – 피지언의 정치 참여 통로를 열어 준 결정적인 헌법 개정이 이루어졌다. 입법위원회가 총독, 13명의 당연직 위원, 3명의 원주민 임명직 위원, 6명의 유럽인 선출직 위원과 3명의 인도 – 피지언 선출직 위원으로 재구성된 것이다. 위원회가 새롭게 출범한 직후 **비쉬누 데오**Vishnu Deo(1900 – 1968)가 이끈 인도 – 피지언 위원들은 인도 – 피지언에게도 선거권을 줘야 한다는 법안을 상정했다. 하지만 법안이 통과되지 못하자 모두 사임했다. 원주민 의원은 여전히 족장대평의회가 제출한 명단에서 임명되었다.

입법위원회는 1937년에 다시 개편되어 총독, 16명의 당연직, 5명의 유럽인 대표(선출직 3명, 임명직 2명), 5명의 원주민 대표(족장대평의회 지명), 5명의 인도 – 피지언 대표(선출직 3명, 임명직 2명)를 포함하게 되었고, 이러한 구조는 1963년까지 지속되었다. 의장직은 1954년까지는 총독이 맡았지만 총독을 대신할 의장Speaker을 둘 수 있다는 조항이 새로 만들어졌다. 그래서 1956년 수쿠나 경이 초대 의장에 취임했고 이로써 원주민의 정치적 영향력이 크게 확대되었다.

1963년에는 장래 피지 정치에 큰 영향을 미친 두 가지 중대한 변화가 이뤄졌다. 우선 입법위원회를 의장, 19명의 당연직 위원과 18명의 비당연직 위원으로 확대하고, 비당연직의 수를 인종에 따라 공평하게 배분한 것이다. 즉, 원주민, 인도-피지언, 유럽인에게 각 4명의 선출직이 할당되었다. 나머지 6명은 총독이 지명하는 유럽인과 인도-피지언 각 2명, 그리고 족장대평의회가 지명하는 원주민 2명으로 채워졌다.

그러나 가장 획기적인 변화는 원주민이 자신들의 대표를 뽑을 수 있는 선거권을 갖게 된 것이었다. 또 여성도 선거권을 얻었다. 이러한 정치적 전환은 원주민의 정치의식이 커졌기 때문에 가능한 일이었다. 원주민은 2차 대전 이후 신용조합이나 협동조합, 노동조합, 스포츠 단체 등에 적극적으로 참여하며 민주정치 과정과 절차를 자기도 모르는 새에 익히게 되었다. 또한 교육수준이 어느 정도 높아지고 도시화가 진행됨에 따라 정부의 일에 관심이 커지면서 민주정치의 본질에 눈을 뜨게 되었다.

8. 책임정부제 도입과 인종정치의 징후

1964년 7월 책임정부responsible government, 곧 의회제parliamentary system 정부를 만들기 위한 실험이 시작되었다. 그래서 선거로 뽑힌 입법위원회 위원 가운데 3명을 식민정부의 통신노동장관Member of Communications and Works, 천연자원장관Member of Natural Resources, 사회보장장관Member of Social Services 등 주요 장관직에 임명했다. 그러나 이들은 업무에 대한 책임을 식민의회인 입법위원회에 대해 지는 것이 아니라 총독에게 지도록 되어 있었다. 따라서 엄밀히 따져 책임정부(혹은 member system)가 탄생했다기보다는 책임정부제의 도입을 위한 첫 시도로 보는 것이 적합하다.

의회제

내각책임제라고도 함. 하원의원들로 내각(정부)을 구성. 따라서 내각이 책임을 다하지 못했을 경우 의회에서 내각불신임을 결의, 내각을 해산시킬 수 있음. 또한 의회의 '내각불신임권'에 대하여 내각의 '국회해산권' 인정.

또 한편으로는 장래 피지 정치를 혼돈과 불안정 속으로 밀어 넣게 될 인종정치의 징후가 나타나기 시작했다. 이때까지 입법위원회 위원선거는 원주민은 원주민 위원을, 인도-피지언은 인도-피지언 위원을, 그리고 유럽인은 유럽인 위원을 각각 따로 선출하는 인종투표communal voting 방식으로 치러졌다. 그러나 인도-피지언 사회 일각에서 현 선거제도는 인구비로 볼 때 가장 작은 집단인 유럽인이 원주민 및 인도-피지언과 같은 수의 대표(위원)를 뽑을 수 있도록 규정하고 있기 때문에 불공정하며 인종적 대표성을 잃고 있다고 주장했다. 즉, 이들은 모든 유권자가 인종을 불문하고 어떤 후보자에게든 표를 던질 수 있는 보통선거제common roll system를 도입해야 한다고 강조했다. 그런데 보통선거가 실시되면 유권자가 가장 많은 인도-피지언 위원의 수가 원주민 위원이나 유럽인 위원의 수보다 훨씬 많게 될 것이 분명했다.

물론 원주민은 이러한 제안에 극력 반대했다. 이들은 양여각서에 반영돼 있는 '피지인의 지상권paramountcy of Fijian interests'[18]을 들먹이며 피지 땅에서는 어디까지나 원주민의 권리가 다른 인종의 권리에 앞서야 한다고 주장했다. 식민정부의 모든 일은 그 무엇보다도 원주민과 그 지도자들의 이해관계를 우선해서 이뤄져야 한다는 것이었다. 이러한 원주민과 인도-피지언의 '인종집착obsession with race'[19]은 독립할 때에 즈음하여 더욱 증폭되었고, 독립 후에도 모든 정치사회적 문제들을 '국익'이 아니라 '인종이익'의 시각으로 보게 되면서 인종갈등에 기반을 둔 정치과정과 정치문화가 만들어졌다.

1960년대 중반이 되자 식민정부는 진정한 책임정부의 모습에 보다 가까워졌다. 헌법개정(1965)으로 장관직을 맡는 선출직 입법위원회 위원의 수가 크게 늘어났을 뿐만 아니라 입법위원회 역시 40명으로 확대되었다(1968년 당시 원주민 14명, 인도-피지언 12명, 유럽인 10명과 당연직 4명). 10명의 유럽인 위원은 이제 '일반위원general members'으로 불렸다. 선거제도도 일부 변화했다. 기존 인종투표 방식에 따라 9명의 원주민 위원과 9명의 인도-피지언 위원, 그리고 7명의 일반위원(유럽인 위원)을 선출했고, 자유투표(교차투표, cross-voting) 방식을 도입해 9명의 위원을 뽑았다(총 34명). 나머지 6명은 족장대평의회가 선발하는 원주민 위원 2명과 식민정부가 지명한 고위관료 4명으로 채워졌다. 교차투표는 인종집단 간의 정치적 타협이 만들어 낸 결과였고,

---

18) Lal(2006), 앞의 책, p.3.
19) Lal(2006), 앞의 책, p.IX.

전국을 세 개의 선거구로 나누어 모든 유권자가 자신의 선거구에서 원주민, 인도 – 피지언과 유럽인을 각 1명씩 자유롭게 뽑는 방식(선거구당 3명, 총 9명)이었다. 이로써 다른 인종에 속한 후보에게 투표하는 것이 가능해졌다.

입법위원회 구성(1968)

원주민 위원	인종투표 선출직 (원주민이 선출)	9	14
	자유투표 선출직 (모든 유권자가 선출)	3	
	족장대평의회 선발직	2	
인도 – 피지언 위원	인종투표 선출직 (인도 – 피지언이 선출)	9	12
	자유투표 선출직 (모든 유권자가 선출)	3	
일반 위원	인종투표 선출직 (유럽인이 선출)	7	10
	자유투표 선출직 (모든 유권자가 선출)	3	
당연직 위원	정부 고위관료 (식민정부가 지명)	4	4
합계: 40명			

9. 독립으로의 길

1966년에 이르러 자치정부self – government가 어느 정도 확립되면서 독립으로 가는 길이 넓어졌다. 우선 피지 역사상 최초로 정당이 공식적으로 경쟁하는 입법위원회 선거가 치러졌다. 원주민과 일부 유럽인의 이해를 대변하던 **국가동맹당**National Alliance Party(이하 NAP)과 인도-피지언 사회를 대표하던 **국민연합당**(이하 NFP)이 선거에 뛰어든 것이다. 선거 결과 두 정당의 후보들이 각각 원주민과 인도-피지언 선거구에서 가장 많이 당선되었지만 의석수에 있어서는 NAP가 약간 앞섰다. 이에 따라 NAP가 제1당이 되고, 당수 **마라***Ratu Kamisese Mara(1920~2004)*가 수석장관Chief Minister에 취임하는 등 NAP 지도자가 정부의 장관직 대부분을 차지했다. 그러나 식민정부는 아직 진정한 의미에 있어서의 책임정부가 아니었다. 총독이 여전히 국방, 외교, 내무(경찰) 등 주요 국정분야에 있어서 전권을 행사하고 있었기 때문이다.

마라
현대 피지의 국부[國父]로 추앙받는 원주민 정치지도자. 라우 섬의 세습 수뇌족장. 원주민 정당 NAP를 창당했으며 독립 후 초대 총리에 취임한 이래 연속으로 두 번 총리직 수행(1967.9~1987.4, 1987.12~1992.6). 제2대 대통령(1993.12~2000.5).

<table>
<tr><td>

국가동맹당

1966년부터 1987년까지 피지의 여당. 1966년 3월 마라의 영도하에 창설되어 원주민 족장들의 정치적 도구가 된 전형적 인종국수주의 정당. 원주민, 유럽인과 중국인 등 기타 소수인종의 지지를 받음. 1977년 하원의원 선거에서 연합당에게 석패한 이후 점차 영향력을 잃다가 1987년 람부카의 쿠데타가 발생한 후 해체.

</td><td>

국민연합당

인도인 정치지도자이자 입법위원회 위원(1963~1969) 파텔이 1968년 11월에 창당. 인도-피지언의 정치경제적 이해관계를 대변. 독립 후 주요 야당으로 부상. 1987년 총선에서 피지노동당(Fiji Labour Party: FLP)과 연합해 승리했으나 1999년 총선에서 의석을 모두 잃은 후 영향력 상실.

</td></tr>
</table>

그러나 헌법에 권리장전Bill of Rights이 새롭게 추가돼 모든 피지 국민이 인종, 피부색, 종교와 성별에 따라 차별받지 않고, 집회-결사의 자유, 언론의 자유, 양심의 자유 등 기본권을 보장받게 되었다.

1966년 선거 후 얼마 동안 양당은 서로 협조하며 국정을 꾸려나갔지만 곧 NFP 당수 **파텔**Ambalal D. Patel(1905~1969)이 헌법의 인종적 불공정성을 비판하며 나섰다. NFP 의원들 역시 기존 헌법을 보다 민주적인 헌법으로 바꾸자는 동의안을 입법위원회에 제출했고, 이에 대해 NAP가 반대하자 1967년 1월 위원직을 모두 사퇴했다. 곧 치러진 1968년 보궐선거에서 NFP가 인도-피지언 의석을 석권하자 인종 간의 갈등과 긴장이 다시 고조되기 시작했다. NAP를 지지하던 원주민 인종국수주의자ethno-nationalist들이 '피지인을 위한 피지Fiji for the Fijians'[20]라는 슬로건을 내세우며 가두시위를 벌여 인도-피지언 정치지도자 모두를 추방할 것을 요구했다. 이러한 갈등은 원주민 정치세력, 특히 NAP의 젊은 지도자들이 독립을 서두르게 했고, 1968년 족장대평의회 역시 조속한 시일 내에 독립을 위한 신헌법 제정회담을 열자는 제안을 통과시켰다.

---

20) Naidu · 김웅진(2009), 앞의 글, p.96.

파텔
국민연합당을 창당한 인도인 정치지도자. 완전한 인종통합에 기반을 둔 공화국 건설과 보통선거제 도입을 줄기차게 주장. 입법위원회 위원(1944~1950, 1963~1969), 국민연합당 당수(1966~1969).

그러나 식민정부는 NAP와 NFP가 이견을 좁히지 않는 한 헌법회담을 열 수 없다고 천명했다. 왜냐하면 NAP는 보통선거제를 절대 받아들이지 않겠다는 입장이었던 반면 NFP는 보통선거제의 도입을 고집하며 영연방 내의 민주공화국으로 즉시 독립할 것을 주장하고 있었기 때문이다. 1969년 8월 NAP와 NFP 사이에 이견을 좁히기 위한 1차 헌법회담이 열렸다. 회담이 진행되던 10월 1일 NFP 당수 파텔이 세상을 떠나 **코야**Siddiq M. Koya(1923~1993)가 당수직을 이어받았다. 회담이 끝난 후 양당은 완전한 합의에 도달했고 이제 '영국령 자치정부Self–government with Dominion Status'21)를 건설하는 일만이 남았다고 발표했다. 곧이어 1970년 1월 영국 정부의 외무 및 영연방 담당 국무장관Minister of State for Foreign and Commonwealth Affairs 셰퍼드 경Lord Malcolm N.Shepherd과 마라, 코야의 회동이 이뤄지고 이들은 피지에 영연방국가를 세우기로 합의했다.

---

21) Donnelly, *et al.*(1994), 앞의 책, p.57.

1970년 4월 20일~5월 5일 사이에 두 번째 헌법회담이 런던에서 개최되어 1970년 10월 10일 피지의 독립을 선언했다. 또 독립헌법에 따라 정치제도가 개편되어 양원제 의회Parliament가 도입되었다. 양원 가운데 상원Senate은 임기 6년의 지명직 의원 22명(족장대평의회 지명 8명, 총리 지명 7명, 야당당수 지명 6명, **로투마** 자치위원회 지명 1명. 3년마다 11명 교체)으로, 과거 입법위원회에 해당되는 하원House of Representatives 은 52명의 선출직 의원으로 구성되었다. 하원의원 중 27명은 인종 투표(원주민 12명, 인도 – 피지언 12명, 일반의원 3명), 그리고 나머지 25명(각 10명의 원주민과 인도 – 피지언, 5명의 일반의원)은 보통선거(과거의 자유투표)로 뽑기로 했다. 또 내각cabinet은 상·하원의원 가운데 총리가 지명하는 장관minister과 부장관assistant minister으로 구성되고 영국 국왕이 국가원 수로 추대되었다. 한편 1970년 5월 5일 이전에 피지에서 출생한 모 든 이와, 1970년 5월 5일 이후 출생한 자로서 아버지가 피지 시민권 자인 사람에게 시민권(투표권)을 부여하기로 했다. 영주권자belonger로 분류된 영연방 국민들은 7년 이상의 거주조건을 충족시키면 시민권 을 신청할 수 있도록 했다.

로투마Rotuma

피지 북방 465㎞ 지점에 위치한 도서군[群]으로 1881년 영국 식민당국이 피지 영토로 편입한 자치령[自治領]. 문화적으로는 통아와 사모아에 가까운 2,000여 명의 로투만Rotumans이 거주.

VI 오늘날의 피지

1. 식민통치의 유산

 V장에서 살펴본 것처럼 영국 식민정부는 원주민 족장들과 족장 대평의회를 앞세워 피지를 간접적으로 통치했다. 이러한 간접통치 방식은 초대 총독 고든 경이 피지의 전통과 관습을 보호하기 위해 채택한 것이었다. 특히 고든 총독은 원주민의 일상생활을 면밀히 관찰해 원주민에게 땅이 얼마나 중요한지 깨닫고 국토의 10% 정도만을 유럽인 정착민에게, 그리고 나머지 84%를 마탕갈리, 즉 전통적 씨족집단에게 나누어 주었다. 또 1875년 홍역이 퍼져 엄청난 수의 원주민이 죽자 원주민의 생존을 보장하기 위한 여러 가지 정책을 추진했다. 그러나 고든 총독의 원주민 보호정책은 실제에 있어서 일상생활을 엄격히 규제하는 결과를 낳았다. 취침시간과 기상시간처럼 사소한 일에서부터 일상적 농업활동, 결혼, 이동이 통제되고 은행이나 사채업자로부터 개인적으로 돈을 빌릴 수 없었으며, 모든 사람이 족장의 지시를 무조건 따라야 했던 것이다.[22]

 비록 원주민의 생활은 가혹하게 통제되었지만 다른 인종은 자유로운 시장경제의 흐름에 맡겨졌다. 유럽인은 플랜테이션, 광산, 제당공장과 기업의 소유자나 관리자 또는 고위 행정관료로 떠올랐고, 계약노동제를 통해 피지로 건너온 인도-피지언은 대규모 노동집단을 형성했다.[23] 그러나 20세기 중반 바누아 레부 서편 키오아Kioa 섬과 람비Rabi 섬에 정착한 투발루Tuvalu 사람, **바나바**Banaba 사람과 같은 폴리네시언들과 플랜테이션을 건설하기 위해 삼림벌목에 투입되었던 멜라네시언들은 식민사회의 주변부로 내몰렸다. 이들은 유럽인이 맨 꼭대기를 차지한 인종적 사회구조의 밑바닥으로 떨어졌고, 원주민 족장과 백인-흑인 혼혈인은 유럽인 지주와 특권을 나눠 갖는 중간부를 차지했다.

바나바
영국령 길버트-엘리스 아일런즈에서 투발루와 함께 분리 독립한 남태평양 키리바시 공화국
Republic of Kiribati(과거 Gilbert Islands)의 작은 섬.

---

22) 원주민의 이동을 제한한 통행법은 1960년에 이르러서야 폐지되었다.

23) 이들 대부분은 소작인, 계약노동자나 단순노동자로서 오스트레일리아 식민제당회사(CSR)에 고용되었다.

시간이 흐름에 따라 경제사회구조가 더욱 세분화되었다. 바나나와 **코프라** 농사를 짓는 원주민의 '생존 경제'와 상업적 플란테이션, 소규모 사탕수수 농장, 채광업, 제조업, 운수업, 도소매업을 두루 포함하는 '자본주의 경제'가 같이 움직이는 이중경제체제가 만들어졌고, 20세기 후반이 되자 관광업이 번창하기 시작했다. 식민당국은 새롭게 떠오른 자본주의 경제에 원주민의 참여를 엄격히 금했다. 즉, 원주민은 자영농민(自營農民)이나 비즈니스에 종사하는 것이 금지되었기 때문에 탄광과 부두의 임시노동자로 고용되거나 하급 공무원 내지 경찰 혹은 교회의 직원으로 일할 수밖에 없었다.

코프라
말린 코코넛. 가루를 내어 우유 대용품으로 씀. 기름을 짜 요리에 사용하거나 비누, 양초를 만듦. 남은 찌꺼기는 비료나 가축의 사료.

식민정책에 따라 피지로 건너온 인도인 이주노동자들은 유럽인의 착취에 저항해 동등한 정치참여권과 보다 안정적인 임대[賃貸]농토를 확보하기 위한 투쟁을 전개했다. 이러한 인도-피지언의 저항은 소수 백인 특권층과 원주민 족장들의 야합을 낳았고, 원주민의 인종적 단합을 더욱 부추겼다. 이처럼 인종적으로 분절된 발전을 추진한 식민정책의 잔재는 독립 이후 오늘날까지 남아 피지 정치의 가장 두드러진 특징인 인종집착을 초래했다.

인종차별은 특히 정치적 측면에서 강하게 드러났다. 식민의회의 역할을 담당한 입법위원회 구성에 있어서 극소수의 유럽인은 과다한 의석을 얻은 반면 원주민과 인도-피지언은 인구비에 훨씬 모자라는 의석을 얻었다. 시간이 지남에 따라 새로운 선거제도가 도입되고 의석수를 인종 간 인구비에 따라 비교적 공평하게 나누었지만 원주민은 1963년에 이르러서야 투표권을 얻었다. 또 보통선거제(교차투표제 혹은 자유투표제)가 도입되었지만 악명 높은 인종투표제는 독립 이후 오늘날까지도 유지되고 있다.

요컨대 식민통치하의 피지는 세 부류의 인종으로 구성된 '세 발 달린 걸상a 3-legged stool'24)이었다. 유럽인의 자본과 기술, 원주민의 토지, 인도인의 노동력으로 유지되고 있었던 것이다. 그러나 독립 이후 피지의 정치경제적 주도권은 점차 원주민에게 넘어가기 시작했다. 이러한 힘의 이동은 피지 정치가 '주기적 난기류periodic turbulence'25)를 피할 수 없도록 만들었다. 인종적으로 구획된 선거제도, 곧 하원의원의 2/3를 인종투표를 통해 뽑도록 한 선거제도 아래에서 모든 정치세력은 권력을 잡기 위해 인종적 정체성에 호소할 수밖에 없었던 것이다.26) 이처럼 정치적 경쟁이 제로섬zero-sum 상황 속에서 인종적 경쟁으로 치닫자 갈등과 대립의 잠재성이 시간이 지날수록 커졌다.

---

24) Lal(2006), 앞의 책, p.1.

25) Lal(2006), 앞의 책, p.ix.

26) 이처럼 왜곡된 선거제도의 논리는 얼핏 보아 아주 그럴 듯 했다. 각 정당이 본질적으로 인종에 기반을 두고 있기 때문에 인종투표가 불가피하다는 것이었다.

2. 인종갈등의 심화와 원주민의 득세

　1970년 독립과 더불어 피지가 당면한 가장 큰 문제는 인종적 측면에서 어떻게 정부를 구성하느냐였다. 즉, 옛 식민정부의 영국인 관료뿐만 아니라 사회 각 분야에서 큰 영향력을 발휘해 온 유럽인과 중국인 사업가, 오스트레일리아 회사들 모두가 새로운 정부에서도 종전과 같이 한 몫 하기를 원했던 것이다. 또 어떻게 원주민의 우선권을 앞세우면서 25만명에 달하는 인도-피지언의 권익을 보장해 줄 수 있는가 역시 결코 해결하기 쉽지 않은 과제였다. 그러나 이러한 문제들은 선거(하원의원 선거)가 두 인종정당 간의 경쟁, 곧 NAP와 NFP의 경쟁으로 좁혀지면서 점차 잊혀졌다.

　1970년 독립헌법에 따라 설치된 의회는 과거 입법위원회와 마찬가지로 공평한 인종적 대표성이 없었다. 흑-백 혼혈인, 중국인과 함께 일반유권자General Electors로 분류된 백인(유럽인)은 총인구의 5%에도 미치지 못했지만 이들에게 하원 의석의 무려 15.4%(52석 가운데 8석)가 배당되었고, 원주민(총인구의 44%)과 인도인(총인구의 50%)에게는 똑같이 42.3%(22석)의 의석을 줘 인구비와 의석할당비가 들어맞지 않았다.[27] 하원의원 선거는 예전과 같이 인종투표와 교차투표를 같이 실시했고, 상원은 족장대평의회의 지명을 받은 족장들이 의석의 대부분을 차지했다.

　이처럼 인종적으로 불평등한 정치제도 때문에 원주민과 인도-피지언 사이의 갈등이 더욱 깊어졌다. 원주민 족장의 권력은 원주민

---

27) Lal(2006), 앞의 책, p.21~22.

의 단합과 일반유권자, 특히 백인의 지지에 힘입어 더욱 튼튼해졌지만, 인도-피지언 의원들은 야당 의석을 채우는 것 외에 할 수 있는 일이 달리 없었다. 게다가 주요 국가기구나 공공기관마저 원주민으로 채워졌다. 국토신탁국Native Land Trust Board, 국토개발공사Native Land Development Cooperation 등은 원주민만을 직원으로 채용했다. 또 오직 원주민만이 군인이 될 수 있었으며, 피지개발은행Fiji Development Bank과 같은 금융기관들은 원주민의 경제활동을 우선적으로 지원했다. 인종구성에 있어서 비교적 형평성이 컸던 행정부에서조차 원주민이 여타 인종에 비해 더 빨리 고위직으로 승진했다.

정치행정구조와 달리 경제사회구조 속에서는 인종문제가 서서히 해결되기 시작했다. 고든 총독이 만든 통행법이 1960년에 철폐됨에 따라 수많은 원주민이 농촌에서 도시로 자유롭게 옮겨 와 직장을 얻었고, 그 덕분에 주택가와 학교의 인종구성이 다양해졌다. 인도-피지언은 주로 가족중심의 중소기업과 농업(사탕수수 재배)에 종사했다. 그러나 이들이 소유하고 있던 토지는 국토의 2%를 넘지 못했고 농토의 장기임차권마저 안정적으로 보장되지 않았다. 그 때문에 인도-피지언은 고등교육과 전문기술로 눈을 돌렸다. 반면 원주민은 기업활동에 거의 관여하지 않았을 뿐만 아니라 서구식 전문교육에도 별 관심이 없었다. 따라서 극히 소수만이 고등교육이나 전문교육을 받아 교사, 간호사와 같은 전문직을 얻었다. 결국 서로 다른 교육수준으로 원주민과 여타 인종 간의 경제사회적 격차가 점차 벌어지자 이러한 차이를 없애기 위한 다양한 인종차별 수정조치들이 정치적 쟁점으로 부상했다.

독립 이후 국가권력은 세 부족연맹의 수뇌족장과 이들의 동맹세력인 일반유권자(유럽인 및 소수인종)에게 넘어갔다. 토바타Tovata의 수뇌족장 마라가 총리에, 다카우드로베이Cakaudrove의 수뇌족장 **은가닐라우**Ratu Sir Penaia Ganilau(1918~1993)가 내무, 국토 및 천연자원장관 Minister of Home Affairs, Lands and Mineral Resources에 취임했으며 쿰부나 Kubuna의 수뇌족장 다콤바우Ratu Sir George Cakobau(1912~1989)는 독립 피지의 초대 **총독** 포스터R. Foster에 뒤이어 최초의 원주민 총독이 되었다. 이들이 속한 NAP는 원주민의 결속과 일반유권자의 지지에 힘입어 영구적으로 집권할 것처럼 보였다. 그러나 저개발국에서 흔히 그렇듯이 자본주의 경제가 왜곡되고, 더 나아가 인종 사이의 정치적 관계가 변화함에 따라 힘을 잃기 시작했다.

은가닐라우

영국 옥스퍼드 대학교에서 교육받은 원주민 정치지도자. 1946년 피지로 돌아와 식민정부 관료, 군 장교 생활을 거쳐 1956년 다카우드로베이의 수뇌족장이 됨. 독립 후 정부 부처 장관, 부총리, 3대 총독(1983 - 1987)과 초대 대통령(1987 - 1993) 역임.

독립 피지의 총독 Governor - General

입헌군주국인 영국의 국왕은 피지, 캐나다, 오스트레일리아 등 54개 영연방Commonwealth of Nations 국가의 원수이며, 각 국가의 총독은 자국에서 영국 국왕을 대표하는 상징적 통치자임. 총독은 해당 국가 각료의 조언에 따라 영국 국왕이 임명. 총독의 권한은 각 국가의 헌법에 따라 서로 다르나 의전적인 것이 대부분. 독립 이후 1987년 총독제가 폐지될 때까지 피지의 총독은 모두 세 사람이었고, 2, 3대 총독은 원주민 정치지도자가 맡았음.

1대 총독: 포스터(1970.10 - 1973.1)
2대 총독: 다콤바우(1973. 1 - 1983.2)
3대 총독: 은가닐라우(1983.2 - 1987.10)

1975년 전[前] NAP 각료 부타드로카Sakiasi Butadroka가 피지국민당 Fijian Nationalist Party(이하 FNP)을 창당했다. 부타드로카는 NAP가 인종적으로 편향된 정책을 추구했다고 비판했다. 그간 NAP는 교육, 고용, 주택보급, 농촌개발과 신용보증 등에서 여러 가지 인종차별 완화조치를 취했지만 실제로는 일부 원주민 지도층에게만 특혜가 돌아가는 결과를 낳았다는 것이었다. NAP의 실책을 꼬집어 평범한 원주민의 열렬한 지지를 얻은 부타드로카는 '피지인을 위한 피지'라는 옛 슬로건을 다시 내걸고 모든 인도-피지언을 인도로 쫓아내자고 주장했다.

3. 1977년 궁정 쿠데타: '쿠데타 정치'의 시작

1977년 피지 정치는 '쿠데타 정치politics of coup d'état'이며, 피지 정치문화는 곧 '쿠데타 문화coup culture'28)라는 오명을 쓰게 한 다섯 차례의 쿠데타 가운데 첫 번째 무혈 **궁정**[宮庭] **쿠데타**가 발생했다.

궁정 쿠데타
집권세력이 빼앗길 위기에 놓인 권력을 되찾기 위해 감행하는 쿠데타. 친위 쿠데타라 불리기도 함.

독립 후 1977년까지 NAP는 여당의 위치를 지켰고, 마라 역시 NAP 당수로서 국내외에서 훌륭한 지도자로 존경받으며 총리직을 수행하고 있었다. 하원의원 총선거도 제대로 실시되고 의회도 제구실을 하기 시작했다. 근대화 작업 또한 착실히 이루어져 항구와 포

---

28) Tarte, S. (2008). "Reflections on Fiji's 'Coup Culture,'" in S. Firth, *et al. The 2006 Military Takeover in Fiji: A Coup to End all Coups*. Canberra, Australia: ANU E Press.

장도로 같은 경제사회적 기반시설이 확충되었으며, 웬만한 촌락이면 전기와 상수도가 들어왔다. 그리고 보다 나은 생활을 찾아 도시로 오는 사람들이 급격히 늘어나면서 학교교육을 제대로 받을 수 있는 기회도 훨씬 커졌다. 겉으로 보기에는 피지 사회가 모든 면에서 순조롭게 발전하고 있었던 것이다.

그러나 이처럼 평온한 상태는 그리 오래가지 못했다. 1977년 3월 하원의원 총선거에서 원주민을 대표하는 NAP가 인도-피지언을 대표하는 NFP에 패한 것이다(총 52석 가운데 NAP 24석, NFP 26석). 게다가 NAP를 비판하던 부타드로카의 FNP가 2석을 얻는 데 성공했다. 그런데 NFP는 예상치 못한 승리에 당황한 나머지 모처럼 주어진 집권기회를 적절히 이용하지 못한 채 내분에 휩싸였다. 당수 코야가 총리직에 적합하지 않다는 비판이 당내에서 일어난 것이다. 결국 누가 총리가 될 것인가에 대한 합의가 나흘이 지나도록 이뤄지지 않자 **다콤바우 총독**이 헌법에 따라 NAP의 마라를 다시 수상으로 임명했다. 원주민 족장 출신 총독이 자기 권한으로 총선에서 패배한 원주민 정당 당수에게 국가 최고 권력을 되돌려준 친위 쿠데타가 발생한 것이다.

물론 다콤바우 총독의 결정은 나름 합리적인 판단에 따른 것이었다. 자기 당에서조차 절대적 지지를 받지 못한 코야가 총리가 된다면 원주민이 주도하는 행정부와 군부가 그에게 반기를 들 가능성이 있다는 우려가 있었기 때문이다. 결국 이 궁정 쿠데타는 여타 인종은 총선결과가 어떻게 나오든 원주민 족장의 전통적 권력에 대항하기가 매우 어렵다는 사실을 보여 주었다. 어떤 정당이 선거에 이기더라도 임의로 총리를 임명할 수 있는 총독의 권한, 원주민

의 '비원주민 정부'에 대한 반발, 원주민으로만 이루어진 공무원과
군의 정치적 역할과 같은 여러 가지 요인이 집권을 방해할 것이기
때문이었다. 이로 인해 원주민과 인도-피지언 사이의 심각한 정치
적 갈등이 다시 겉으로 드러나게 된 것은 당연한 일이었다.

다콤바우 총독

2대 피지 총독(1973~1983). 영국에 피지를 이양한 피지 왕국 다콤바우Seru Epenisa Cakobau
왕의 증손자. 음바우 수뇌족장*Vunivalu* of Bau, 레부카 수뇌족장*Tui* Levuka의 타이틀을 지닌 피
지 최고의 수뇌족장. 오스트레일리아와 뉴질런드에서 대학교육을 받고 1938년 족장대평의회
의원이 됨. 입법위원회 위원 및 하원의원(1951~1972). 내무 및 지방행정 장관, 무임소 장관
(1970~1972).

2006년 하원 개원식에서 여동생 안디 사마누누 다콤바우*Adi* Samanunu Cakobau의 의원선서
를 축하하는 전 다콤바우 총독. *Adi*는 족장급 여성에게 붙이는 칭호.

4. 1차 군부 쿠데타: 다인종 연합정부의 붕괴

1987년 4월에 실시된 총선은 현대 피지 정치사에 있어서 매우 중요한 두 가지 결과를 가져왔다. 우선 피지노동당Fiji Labour Party(이하 FLP)과 NFP 연합이 총 52석 가운데 28석을 얻어 제1당이 된 것이다(NAP는 24석 획득).[29] 이에 따라 4월 14일 FLP - NFP 연합정부가 출범했고, 피지노동당 당수 **바반드라**Timoci U. Bavadra(1934~1989)가 총리에 취임했다. 그러나 피지 역사상 최초로 수립된 연합정부는 그리 오래가지 못했다. 약 한 달이 지난 5월 14일, 피지군 서열 3위인 **람부카**Sitiveni Rabuka(1948~) 중령이 군부 쿠데타를 일으켜 연합정부를 내쫓고 총선에서 패배한 NAP와 그 연합세력을 권좌에 앉게 했다.

람부카
1987년 두 번에 걸쳐 일어난 군부 쿠데타의 주역. 총리(1992. 6~1999. 5), 족장대평의회 의장(1999~2001) 역임. 뉴질런드, 인도, 오스트레일리아에서 군사교육을 받고 육군총사령관이 됨. 시나이 반도 유엔평화유지군에 참여한 피지군 지휘(1983~1985). 소장으로 퇴역.

바반드라
1985년 피지노동당을 창당한 라우토카 Lautoka 출신 의사이자 원주민 정치지도자. 2대 총리이자 가장 짧은 기간(35일) 동안 집권한 총리(1987.4.14~5.19). 람부카의 군부 쿠데타로 5월 19일 축출됨.

---

29) 이 책의 **부록 - 5. 하원의원 총선결과: 정당별 획득 의석수, 1966~2006** 참조.

피지노동당은 1985년 7월 NAP 정부의 반[反]노동자 정책의 극치로 평가할 수 있는 임금동결 조치에 반발해 피지노조대의원회Fiji Trade Union Congress가 세운 정당이었다. 본질적으로 계급정당이었던 FLP는 NAP(원주민 당)와 NFP(인도 – 피지언 당)의 인종정치에 반기를 들었다. 이들의 인종집착은 노동자를 낮은 임금과 열악한 근로조건에 시달리게 했을 뿐만 아니라 불평등, 빈곤과 부패를 확산시켰다는 것이었다. 이에 따라 FLP는 임금동결을 곧 노동자에 대한 억압으로 간주하면서 취약한 노동계급의 권익을 보호하기 위해 피지의 국정 운영방식을 대폭적으로 바꿔야 한다고 주장했다.

유권자의 폭넓은 지지에 힘을 얻은 연합정부는 평등하고 공정한 사회를 만들겠다는 공약을 실천하려 했지만 패배한 NAP는 원주민 지주들이 주축이 된 '타우케이(피지인) 운동Taukei Movement'을 펼쳐 정부에 대항했다. 즉 방화, 화염병 투척, 도로봉쇄 등을 통해 사회불안을 조장했고, 인종적 색채가 분명히 드러난 폭력시위를 주도해 정부를 무너뜨리려 했다. 그러나 이런 시도가 실패하자 NAP 세력 일부가 쿠데타를 계획해 람부카에게 접근했다. 본래 야망이 컸던 람부카는 승진할 가망이 없자 다른 직업을 찾고 있던 중이어서 쿠데타 음모세력에 즉시 동조했다. 족장들은 물론 쿠데타를 환영했고 원주민 대다수 역시 지지를 표명했다. 쿠데타가 성공해 '피지 민족의 구원자'로 칭송받게 된 람부카는 족장대평의회의 평생회원 자격을 얻었다.

쿠데타의 구실은 단순했다. '원주민의 군부'가 원주민의 권익을 '건너온 인도인의 위협'으로부터 보호하기 위해 쿠데타를 감행했다는 것이었다. 람부카의 얼굴이 전 세계 미디어를 장식했고, 위협적인 인도인 정부를 정당하게 축출했다는 주장이 널리 받아들여졌다. 그러나 FLP – NFP 연합정부는 결코 인도 – 피지언 주도로 결성된 것이 아니었다. 비록 수많은 인도 – 피지언 지지자들이 있었지만 내각은 같은 수의 원주민 각료와 인도 – 피지언 각료로 구성돼 있었으며 일반유권자 대표도 포함돼 있었다. 그러나 이 연합정부는 원주민 족장의 영향력에서 벗어난 피지 최초의 진정한 다인종 정부였다는 의미를 갖고 있다.

5. 2차 군부 쿠데타: 원주민 정권의 확립

FLP와 NFP는 극심한 탄압과 인권유린에도 불구하고 쿠데타 정권에 대한 투쟁을 계속 펼쳐 나갔다. 그 예로 다인종 저항집단인 '5월 초로의 회귀운동Back to Early May Movement'은 헌정질서와 의회정치를 회복하라는 진정서에 수천 명의 서명을 받아 은가닐라우 총독에게 전했다. 이에 총독의 주선으로 바반드라(FLP) – 마라(NAP) 사이에 회담이 열려 국가통합을 위해 새롭게 정부를 구성하자는 합의를 이끌어 냈다. 그러나 람부카는 이를 정치적 위기라 생각해 1987년 9월 다시 쿠데타를 일으켜 FLP와 NFP 지도자들을 구금했다. 람부카의 2차 군부 쿠데타로 독립헌법(1970년 헌법)이 폐지되어 공화국republic이 만들어졌으며, 피지는 국제사회의 엄청난 비난을 받으며 영연방 회원국 자격을 박탈당했다.

두 번에 걸쳐 발생한 1987년의 군부 쿠데타로 원주민 수뇌족장의 전통적 힘은 더욱 확고해졌다. 게다가 1990년에 공포된 신헌법은 원주민만이 대통령, 부통령, 총리를 포함한 정부요직에 취임할 수 있다고 못 박았다. 또 자유투표제를 완전히 없애고 인종투표제만으로 선거를 치르게 되었다. 그뿐 아니라 하원의석 총 69석 가운데 37석(54%)을 원주민에게 할당했고, 원주민과 로투만 사람에게 최소 50%의 공무원직을 배당해 인종적 불공평성이 더욱 커졌다. 이처럼 원주민이 절대 우위를 차지한 인종정치가 더욱 심화되자 마라가 이끌던 다인종 정당 NAP는 해산되고 모든 정당이 인종을 중심으로 통합되었다.

새로운 헌정체제 아래에서 두 번 연속 **피지당**_Soqosoqo ni Vakavulewa ni Taukei_(이하 SVT) 후보로 하원의원에 당선된 람부카는 1992년부터 1999년까지 총리로서 피지를 실질적으로 통치했다. SVT가 1992년, 1994년 총선에서 각각 36석과 33석을 얻어 제1당이 된 것이다.[30] 그러나 1989년 10월 원주민들이 라우토카의 힌두교 교당과 모스크mosque에 폭탄을 던지는 등 인종 간의 충돌이 일상화되었고, 경제성

---

30) 이 책의 **부록 - 5. 하원의원 총선결과: 정당별 획득 의석수, 1966~2006** 참조.

장이 멈췄으며 부패가 만연했다. 게다가 피지국가은행National Bank of Fiji이 도산해 2억 2천만 피지 달러Fijian Dollar(F)에 달하는 막대한 재정손실이 발생했다. 그 때문에 정부는 사탕수수 농장의 임대기간이 끝나기 시작했음에도 불구하고 농민과 지주에게 적절한 대안을 제공할 수 없었다. 결국 1987년부터 1999년 사이에 수많은 인도-피지언이 살기 힘든 피지를 떠나 인구가 10%나 줄었다. 또 족장들의 부와 권력, 정부와 기업에 만연한 정실주의에 대한 불만이 극에 달했고, 심화된 빈부격차와 불공평한 정치적 대표성 때문에 도시 사람과 농촌 사람 사이의 골이 더욱 깊어졌다. 도시를 대표하는 하원의원의 수가 농촌을 대표하는 의원의 수보다 훨씬 많아 인구비례에 맞지 않았던 것이다.

피지당

1990년 족장대평의회의 정치적 도구로 출발한 원주민 인종국수주의 정당. 람부카와 함께 1990년대 피지 정치를 주도. 1992년 총선에서 승리했으나 6명의 의원이 이탈하자 절대다수의 위치를 잃음. 시간이 흐름에 따라 내분이 심화돼 족장대평의회 주요 의원들과 강력한 지지 세력이었던 감리교단이 이탈. 1999년 총선에서 대패 후(71석 가운데 8석 획득) 더욱 쇠락. 2001년과 2006년 선거에서 단 한 석의 의석도 얻지 못함.

그러나 람부카의 치하에서도 몇 가지 바람직한 정치적 변화가 나타났다. 1997년 인종국수주의자들의 맹렬한 반대에도 불구하고 헌법을 개정해 권력분점 조항과 같이 일부 민주적인 조항을 신설했다. 즉 서문의 '약정Compact'에서 성차별을 금지하는 권리장전과 국가운영에 있어서 모든 인종의 참여를 인정했다.

6. 3차 군부 쿠데타: 실패한 스페이트의 모험

1999년 4월 하원의원 총선에서 FLP 당수 초드리Mahendra Chaudhry (1942~)가 이끈 **시민연합**People's Coalition이 총 71석 가운데 52석을 얻어 람부카를 중심으로 뭉친 SVT - NFP - UGP(통합일반유권자당, United General Party)을 누르고 정권을 잡았다.[31] 총선 후 FLP는 1997년 헌법의 권력분점 조항에 따라 8석을 얻은 SVT에게 연합정부를 만들자고 요청했으나, 무리한 조건을 제시해 SVT 대신 피지연합당Fijian Association Party(FAP), 국가통합당Party of National Unity(PANU)과 함께 정부를 구성했다. 새롭게 출범한 연합정부 각료의 대다수는 원주민이었고, 초드리는 인도 - 피지언으로서는 최초로 총리가 되었다.

시민연합

1999년 3월, 총선(5월)에 대비해 FLP, FAP, PANU 세 당이 결성한 연합. 총 의석의 70% 이상을 얻어 대승. 선거 후 기독민주연대Christian Democratic Alliance(VLV)가 참여. 초드리의 총리 임명은 시민연합 내에서 정치적 쟁점으로 부상. 즉 피지연합당은 애당초 그의 총리직 임명에 반대했으나 대통령 마라가 당수 아디 바반드라Adi Kuini Bavadra (전 당수 바반드라의 미망인)를 설득하여 초드리를 지지하도록 함. 이로 인해 FAP는 분당됨. 2001년 총선에서 FLP를 제외하고 모두 의석을 잃음.

피지는 그간 20년에 걸쳐 눈에 두드러지는 정치사회적 변화를 겪었다. 원주민의 단합이 흔들리면서 족장의 힘이 조금씩 약해졌고,

---

31) http://www.elections.gov.fj/results2006.html과 이 책의 **부록 - 5. 하원의원 총선결과: 정당별 획득 의석수, 1966~2006** 참조. 총선결과의 의미에 관해서는 Norton, R. 2000. "Understanding the results of the 1999 Fiji elections", in B. V. Lal, ed., *Before the Storm, Elections and Politics of Development*. Canberra, Australia: Asia Pacific Press, pp.49~72를 볼 것.

일부 주에서는 상당한 토지임대 수입을 보장해 주는 족장 타이틀을 놓고 원주민 지도자끼리 싸우기도 했다. 족장 가문 출신 신[新]귀족층 원주민들은 공직을 얻으려 애썼지만 더 이상 가문의 후광을 입을 수 없게 되었다. 또 람부카가 공직을 지역에 따라 안배하자 각 지역과 부족연합 사이에 갈등이 생겼다. 게다가 정치적·경제적으로 적극적인 원주민 중산층이 형성되어 족장의 권위를 위협했다.

그런 가운데 사회경제적 불평등과 인종을 초월한 빈곤이 더욱 확산되었다. 좁고도 폐쇄적인 노동시장은 빈곤층에게, 높은 부가가치세는 소지주들에게 심각한 타격을 주었다. 또 사탕수수 농장의 임대기간이 끝나 농민들의 생존까지 위협받고 있었다. 왜곡된 국정운영, 부패와 불공정한 공적 자금 운영이 빈부격차를 심화시켰다.

1999년 총선에서 SVT와 NFP는 1997년 헌법에 포함된 인종 간 협조약정을 대대적으로 홍보하면서 피지가 당면한 여러 가지 문제들을 해결하는 데 이를 적극적으로 반영하겠다고 약속하며 지지를 호소했다. 그러나 선거 결과 SVT는 단 8석을 얻어 대패했고, NFP는 독립 후 최초로 단 한 석의 의석도 확보하지 못했다.[32] 반면 FLP는 "헌법이 먹여 살려 주나?you can't eat the constitution"라는 자극적 슬로건을 내세워 광범위한 지지를 얻는 데 성공했다. 게다가 FLP는 NFP가 하원의석 배분협상에서 인도-피지언에게 할당되는 의석수를 축소하는 데 동의했다는 공격을 펼쳐 NFP의 지지기반까지 파고들었다. 결국 SVT와 NFP는 인종적, 계급적 갈등이 문제된 총선에서 인종 간 협력을 강조해 표를 잃었다. 또 SVT의 국정운영

---

32) 이 책의 **부록 - 5. 하원의원 총선결과: 정당별 획득 의석수, 1966~2006** 참조.

실패와 잦은 단전[斷電], 단수[斷水]와 같은 공공서비스 수준의 하락 역시 패배의 중요한 원인이었다고 볼 수 있다.

시민연합은 정권을 잡은 해에 몇 가지 중요한 정책혁신을 단행했다. 빈곤층에게 주는 지원금을 대폭 늘리고, 빈곤층의 소비식품에 대한 부가가치세를 철폐했으며, 정부의 재정관리를 개선했다. 초드리 총리는 또한 정부 각 부처에 배치된 자문위원의 수를 줄이고 전 정부가 임명한 각종 위원회의 위원들을 내쫓았다. 이렇게 내쫓긴 사람들 가운데에는 전 SVT 정부 재무장관 코이J. Koy의 수하 **스페이트**George Speight(1957~)와 국토개발국의 CEO 응가리카우M. Qarikau가 포함돼 있었다. 이 두 사람은 곧이어 발생한 쿠데타의 주역이 된다.

스페이트

타이레부Tailevu 주 원주민 부농의 아들. 미국 미시건Michigan 주의 앤드루스 대학교Andrews University에서 경영학 학사와 석사학위를 받은 후 오스트레일리아에 정착하여 1996년 피지로 돌아오기 전까지 Apple Computers와 Metway Bank의 지점장으로 근무. 귀국 후 Fiji Pine, Fiji Hardwood Corporation 등의 사장직을 지녔던 사업가 출신.

초드리 총리는 12개월 동안 집권하며 탈세혐의를 받고 있는 사업가, 람부카 정부에 협조한 미디어 관계자, 일부 족장과 공무원,

그리고 경찰총장 등 수많은 정적을 고립시키려 시도했다. 이러한 시도는 총선에서 패배한 SVT 정치인, 족장, 감리교 성직자들이 주축이 된 타우케이 운동을 부활시키는 촉매로 작용했다. 수많은 촌락과 도시에서 격렬한 폭력시위가 발생했고, 2000년 5월 19일 수도 수바에서 열린 시위에서 극에 달했다. 그러나 초드리 총리는 표현의 자유를 앞세워 시위를 강제 진압하자는 내무장관의 제안을 거부했다. 수바 시위가 발생한 바로 그날(2000.5.19) 스페이트가 이끈 피지군 대혁명전 부대Counter Revolutionary Warfare Unit 대원들이 의회에 난입해 총리와 각료들을 인질로 잡았다. 또한 원주민 청년시위대가 수바를 휩쓸며 인도-피지언과 다른 소수 인종의 점포를 약탈, 방화했고 그 후 몇 주에 걸쳐 지방에 있는 인도-피지언 촌이 공격을 받았지만 경찰이 이를 방관했다. 대통령 마라는 정부통제능력 상실을 이유로 인질로 잡혀 있던 초드리 총리를 해임했다.

스페이트의 군부 쿠데타

인질극이 계속되는 상황 속에서 쿰부나와 토바타의 족장세력과 일부 원주민 중산층이 마라 대통령을 제거하려 했고, 이에 맞춰 군사령관 **음바이니마라마 제독**Commodore F. Bainimarama(1954~)이 5월 29일 정부를 장악, 헌법폐지를 선언했다. 결국 마라 대통령도 쫓겨났다. 이어 군부와 쿠데타 주모자들 간에 협상이 진행돼 인질을 석방하고 무기를 반납하면 반란죄를 묻지 않겠다는 합의가 이뤄져 7월 13일 모든 인질들이 석방되었다. 당일 군부와 족장대평의회는 임시정부를 구성해 부통령 일로일로*Ratu* Josefa Iloilo(1920~)[33]를 대통령으로, 온건파인 전직 은행가 **응가라세**Lasenia Qarase(1941~)를 총리로 임명했으며, 임시정부 각료직은 대부분 원주민 프로페셔널들로 채워졌다. 7월 27일 스페이트와 여러 쿠데타 주역들이 합의를 따르지 않았다는 이유로 체포되어 인종국수주의 정부를 다시 세우려 했던 스페이트의 모험은 완전히 실패로 돌아갔다.

---

33) 일로일로는 음바Ba 주의 수뇌족장 가운데 한 사람으로서 하원의원, 상원의원, 상원의장을 역임했고 마라 대통령 밑에서 부통령직을 수행한 원주민 정치지도자였음.

응가라세

스페이트의 쿠데타가 진압된 후 음바이니마라마 임시군사정부가 총리로 지명. 라우 군도의 바누아발라부Vanuabalavu 섬 출신의 원주민. 2006년 군부 쿠데타로 축출될 때까지 집권. 통합피지당 창당. 뉴질런드의 오클런드 대학교University of Auckland 졸업 후 피지상업은행Fiji Merchant Bank 총재 등을 역임한 금융가. 1999년 족장대평의회의 지명으로 상원의원 취임. 인종국수주의자로서 경제자유화, 관광진흥을 통해 외화 획득을 추진, 기업계의 지지를 받음.

음바이니마라마

2006년 군부 쿠데타의 주역. 현 임시정부 총리. 원주민이나 인종 간 화합을 지향. 2000년 스페이트의 쿠데타를 진압한 후 임시군사정부(2000. 5. 19~7. 13)를 이끌어 확고한 정치적 영향력을 얻음. 1975년 피지 해군에 입대 후 함장 등 다양한 해군 경력을 거쳐 1988년 피지 해군사령관이 됨. 1998년 피지군 총사령관에 취임.

그러나 11월 2일 수바의 **퀸 엘리자베스 병영**Queen Elizabeth Barracks
에서 다시 반란이 일어나 4명의 병사가 살해되었고, 음바이니마라
마 제독은 피신할 수밖에 없었다. 반란은 곧 진압되었지만 그 과정
에서 상당한 인명손실이 생겼고, 주동자 5명 역시 체포돼 잔인하게
구타당해 사망했다.

퀸 엘리자베스 병영의 피지군

음바이니마라마 제독의 기대와 달리 응가라세 총리는 인종국수
주의자들과 야합해 2001년 정부각료를 중심으로 **통합피지당**Soqosoqo
Duavata ni Lewenivanu(이하 SDL)을 창당, 총선에 대비했다. 그는 선거운동
과정에서 감리교 계열 기독교회연합Association of Christian Churches을 통
해 원주민을 대상으로 캠페인을 진행했고, 상당히 많은 공적 자금

을 불법으로 기독교회연합에 지원했다. 한편 경찰이 방관하는 가운데 힌두교 교당을 모욕하는 일이 계속되었으며, 가택침입, 강도와 절도, 가두폭력이 만연해 인도-피지언과 다른 인종에 속한 사람들을 위협하는 것이 일상화되었다.

통합피지당

2001년 응가라세 총리가 창당한 원주민 인종국수주의 정당. NAP의 재건이라 볼 수 있음. 기독민주연대와 기타 보수정치세력을 흡수, 족장대평의회의 지지를 받음. 응가라세 정부는 2006년 총선에서도 과반의석(71석 가운데 36석)을 얻어 재집권에 성공했지만 곧 음바이니마라마 제독의 군부 쿠데타로 축출됨.

응가라세 총리가 이끈 SDL은 부정선거 의혹 속에서 치러진 2001년 총선에서 32석을 얻어 제1당으로 떠올랐지만,[34] 제2당이 된 FLP(27석) 대신 6석밖에 얻지 못한 보수연합당*Matanitu Vanua*(이하 CMV)과 연합정부를 구성해 헌법의 권력분점 조항을 무시했다. CMV는 쿠데타 주모자인 스페이트의 당이었으며, 실제로 스페이트가 옥중 출마해 당선되었다.[35] 응가라세는 헌법에 규정된 권력분점 조항을 준수하라는 법원판결에 지연 전략을 취하며 5년간 총리로서 통합피지당-보수연합당 연합정부를 이끌었다.

한편 이 기간 동안 상당한 경제성장이 이뤄졌으나 실업률은 오히려 높아졌다. 다른 나라로 이민을 떠나는 사람이 점점 늘어나 피지 경제는 중동과 환태평양 국가로 나간 노동자들에게 의존하는 '송금경제|remittance economy'로 전락했다. 또 재정관리 실패가 계속되었을

---

34) http://en.wikipedia.org/wiki/Fiji_Election_(2001).

35) 그러나 스페이트는 의회에 나올 수 없었기 때문에 보궐선거가 치러져 그의 동생이 당선되었다.

뿐만 아니라 부패가 크게 확산되었다. 응가라세 정부는 경제파탄을 초래한 2000년 쿠데타의 책임을 전 초드리 총리에게 돌리면서 쿠데타에 연루된 일부 인사를 각료직에 임명했다. 또 쿠데타 가담혐의로 형을 받은 부통령을 석방했고, 다른 가담자에 대한 조사와 기소를 계속 미뤘다. 게다가 일부 쿠데타 가담자를 기소하는 데 성공한 호주인 검사 릿지웨이P. Ridgeway와 계약을 갱신하지 않았고, '잊고 용서하기'를 거부한 음바이니마라마를 군사령관 직에서 쫓아내려 시도했다.

7. 4차 군부 쿠데타: 원주민 인종국수주의자와 군부의 대립

응가라세의 연합정부와 음바이니마라마가 이끄는 군부의 관계는 점차 악화되어 2006년 8월 총선에서는 군부가 공개적으로 연합정부에 반대하는 캠페인을 펼쳤다. 총선 결과 CMV를 흡수한 SDL이 71석 가운데 36석(득표율 44.59%)을 얻어 제1당이 되었고,[36] 다시 총리에 취임한 응가라세는 공공부문을 대대적으로 개혁해 원주민에 대한 인종차별을 없애겠다고 선언했다.

헌법에 따라 21석을 획득한 제2당 FLP와 연합정부를 구성한 SDL은 제1당의 위치와 일부 FLP 의원의 지원을 기반으로 원주민 중심 인종국수주의 정책을 밀고 나갔다. 이에 군부는 자신들이 1990년 헌법에 규정된 "국가이익의 최후 보위자"라 자칭하며 연합

---

36) http://en.wikipedia.org/wiki/Fiji_Election_(2001).

정부에 정면으로 도전했다. 그러나 연합정부는 1997년 헌법에 그러한 규정이 없다고 주장하면서 과연 군부가 정치에 개입할 자격이 있는지 판정해 달라고 대통령과 대법원에게 요청했다. 연합정부가 군부의 반대를 무릅쓰고 화해증진, 관용 및 통합법안Promotion of Recon-ciliation, Tolerance and Unity Bill, 어장(漁場, I Qoliqoli)법안과 토지판정법안Land Tribunal Bill 등 세 개 법안을 밀고 나가자 사태는 더욱 악화되었다. 화해증진, 관용 및 통합법안은 2000년 스페이트의 쿠데타에 관련된 인사들을 사면하기 위한 것이었고, 어장법안은 관습적으로 족장들이 갖고 있었지만 그간 국가소유로 변한 어장을 되돌려주려는 목적으로 만들어진 것이었다. 어장법안은 특히 관계당사자 간의 충분한 사전협조와 조정을 거치지 않았기 때문에 엄청난 논란을 불러일으켰다. 법안의 소유권 조정규정에 따르면 족장들이 옛 소유권 범위에 포함되어 있지 않던 어장까지 추가로 받게 돼 있었다. 따라서 해변에 살고 있던 수많은 영세 불법어민과 관광업계는 이에 극력 반대했다. 일부 족장들은 그들의 어장 내에서 수영하고 있는 관광객에게 돈을 받았고 해변출입을 금지했다. 한편 토지판정법안은 국가에 땅을 억울하게 몰수당했다고 주장하는 관습적 지주들에게 50만 피지 달러를 지원해 땅을 되살 수 있게 하는 원주민 지원정책이었다. 군부는 이 법안을 SDL의 인종국수주의가 반영된 대표적 정책으로 간주했다.

이후 3개월 동안 군부의 쿠데타 가능성이 더욱 커졌다. 총선에서 확보한 지지기반으로 군부의 압력을 견뎌 낼 수 있다고 판단한 응가라세는 군 지도층의 내분을 조장해 음바이니마라마 사령관의 영향력을 약화시키려 했으나 실패했다. 연합정부에 동조한 장교들이 군부에서 쫓겨난 것이다. 또 음바이니마라마가 중동 출장을 떠난 사이 대통령을 설득해 사령관을 교체하는 데 성공했으나, 신임 사령관은 군부 내에 자신의 지지자가 전혀 없다는 사실을 깨닫고 곧 사임했다. 군부를 위협한 또 다른 인물은 피지경찰국 국장인 오스트레일리아 사람 휴즈A. Hughes였다. 휴즈는 수바 부두에서 무기를 실은 컨테이너를 승인 없이 옮겼다는 구실로 음바이니마라마와 일부 장교들에게 국가교란 혐의를 씌워 조사하려 했고, 이에 따라 음바이니마라마의 체포가 임박했다는 보도가 나왔다.

군부가 심각하게 동요하자 쿠데타를 저지해 보려는 뉴질런드 정부의 마지막 노력도 무위로 돌아갔다. 군부는 군과 경찰 간의 럭비 결승전인 사쿠나 보울Sakuna Bowl을 보기 위해 시간을 끈 후, 2006년 12월 5일 쿠데타를 일으켜 응가라세의 연합정부를 타도했다. 12월 6일 계엄령이 선포되고 의회가 해산되었으며, 일로일로 대통령이 축출되고 음바이니마라마가 대통령 권한대행으로 취임했다. 이 일로 피지는 국제적으로 엄청난 비난을 받았고 다시 한 번 영연방 회원국 자격을 박탈당했다. 그리고 수많은 시민단체들이 쿠데타에 적극적으로 저항했으며, 과거 군부 쿠데타를 지지했던 감리교단과 족장대평의회마저 음바이니마라마를 맹렬히 비판하면서 응가라세 정부와 헌정질서의 회복을 주장했으나 아무 소용이 없었다.

2006년 군부 쿠데타

2007년 1월 4일 군부는 일로일로 대통령의 복권을 공포했고, 대통령은 음바이니마라마를 임시정부 총리에 임명했다. 음바이니마라마는 쿠데타가 불법이라는 고등법원의 판결에 따라 2009년 4월 임시정부 총리직에서 잠시 물러났으나, 일로일로 대통령이 헌법을 철폐해 그간 내려진 모든 판결을 무효화하고 그를 총리로 다시 임명했다. 이로서 피지는 '불안한 안정'을 되찾아 2008년 9월 영연방으로 복귀했고, 임시정부 체제가 오늘날까지 지속되고 있다.

 맺는말

글쓴이가 한 달간의 피지 여정을 끝내고 한국으로 떠나던 날, 수바 시내는 활기에 넘쳤다. 그 어느 곳에서도 '불안정한 안정'이 갑자기 무너져 버릴 것 같은 기미를 찾을 수 없었다. 난디 국제공항 역시 기대와 아쉬움에 가득 찬 관광객들로 북적였고, 그 가운데에는 한 주 동안 배운 토막 영어로 서투르게 사랑을 속삭이는 우리나라 신혼부부도 섞여 있었다. 그러나 글쓴이의 마음은 무겁기만 했다. 아름답지만 비극적인 속내를 간직한 이 나라를 떠나려니 연구실로 찾아와 "민주정치를 하려면 정당이 많은 게 좋아요 적은 게 좋아요"라고 묻던 순진한 학생의 얼굴과 음바이니마라마 임시정부 총리의 굳은 얼굴이 겹쳐 떠올랐다. 한편으로는 이제 매일 손빨래를 하지 않아도 되고, 뜨겁게 작렬하는 열대의 태양 아래 진땀 흘리며 연구실까지 걸어가지 않아도 되고, 제대로 된 깡통따개 하나를 사기 위해 수바 시내 온 슈퍼마켓을 이 잡듯 뒤지지 않아도 된다는 안도감이 오히려 극심한 피로를 가져왔다. 그 덕에 평소 시달리던 고소공포증도 잊은 채 반가운 대한항공의 에어버스에 올라 바로 잠에 빠져들었다.

잠깐 꿈을 꾼 사이 여러 가지 장면이 주마등처럼 스쳐갔다. 캠퍼스에 넘쳐나던 검은 젊은이들의 모습, 어두운 얼굴로 피지 민주주의의 장래를 걱정하던 교수들, 3달러짜리 싸구려 타파를 한 장이라도 더 팔기 위해 목청껏 손님을 부르던 인도-피지언 토산품 가게 주인, 아름다운 카스트어웨이Castaway 섬으로 들어오는 관광객을 맞으며 기막힌 화음으로 환영의 노래를 부르던 원주민 스타프, 쓰레기로 넘치는 수바의 라우칼라 베이 로드Laucala Bay Road 공터에서 맨발로 뛰놀던 헐벗은 원주민 아이들, 생전 처음 보는 글쓴이에게 "기독교인이세요"라고 다짜고짜 묻던 구멍가게 여점원 등등. 도대체 이들에게 국가는 무엇이며 정부는 무엇인가? 하루하루 힘겹게 살아가는 정말 가난한 나라의 정말 가난한 국민에게 쿠데타는 무엇이며 민주주의는 무엇인가?

민주주의의 뿌리가 공정한 대표성에 있다면 피지는 결코 민주주의 국가라 할 수 없다. 의회는 족장과 특혜받고 있는 원주민 중산층, 인도인 은행가와 기업가, 리조트가 자리 잡은 넓은 땅의 주인과 대규모 농장주를 대표할 뿐이다. 땡볕 아래 사탕수수 농장에서 막노동을 하는 원주민에게, 낡아 빠지고 더럽기 짝이 없는 택시를 모는 인도-피지언에게 인종정치는 의미가 없다. 그들을 대표하는 의회도 없다. 그래서 "새로운 피지를 위한 다채로운 화합Diverse harmony for a new Fiji"을 부르짖는 현수막은 가게 앞에 대충 써 붙인 티셔츠 세일 광고에 비해 호소력이 한참 떨어진다. 피지 국민 대부분은 원주민이든 인도-피지언이든 정치에 대해, 의회에 대해, 정부에 대해 관심이 없다. 별로 기대하는 것이 없기 때문이다. 아무리 여러 번 쿠데타가 나도 바뀐 것이 없기 때문이다. 따라서 이들에게는 럭비 경기나 일요일 예배가 훨씬 중요하다.

독립기념일 축제

영국 식민통치가 가져온 인종갈등과 인종정치는 민주주의 제도 속에서 더 심화되었다. 민주주의 제도가 반드시 민주정치를 가져오는 것은 아니라는 사실이 피지에서도 여실히 증명된 셈이다. 그렇다면 영국이 수많은 인도인 계약노동자들을 불러들이지 않았다면 지금보다 훨씬 좋은 세상이 왔을까? 쿠데타 문화가 아예 생겨나지 않았을까? 피지의 옆 나라 바누아투Republic of Vanuatu처럼 비교적 안정적인 사회를 만들 수 있었을까? 요컨대 피지의 정치불안정은 전적으로 영국 식민통치, '피지인(원주민)의 지상권'을 앞세운 식민정책 탓일까?

결코 아닐 것이다. 인도인이 들어오지 않았다 해도 엄혹한 족장의 헤게모니가 계속 힘을 발휘했을 것이고, 인종갈등 대신 19세기 말까지 지속된 부족갈등이 재현되었을 것이며, 힘없는 원주민은 착취와 가난에 시달렸을 것이다.

인종적인 것이든 다른 것이든 모든 사회적 하이어라키(위계, 계급구조)는 그것이 고정될 때, 바꿔 말해 개인의 노력에 따라 자유롭게 위계의 각 계단을 오르내릴 수 없게 될 때 민주주의의 원리와 배치된다. 왜냐하면 경직된 사회적 위계는 공정한 경쟁의 가능성을 애당초 배제하고 있기 때문이다. 공정한 경쟁을 보장해 줄 수 없는 사회는 계급사회에 가깝다. 그런 사회는 결코 민주적 사회라고 볼 수 없다. 이 책의 원고를 마지막으로 다듬고 있던 중 비극적 사건이 일어났다. 뇌물수뢰 혐의를 받고 있던 노무현 전 대통령이 스스로 목숨을 끊은 것이다. 우리 사회의 단단한 위계질서를 깨기 위해 진력한 노 대통령을 그리워하는 수많은 '보통 시민'의 장대한 물결은 우리 정치의 민주성에 관해 다시 의문을 던지게 한다. 과연 우리 사회는 공정한 경쟁을 보장해 주는가? 우리 국회, 우리 정부는 민주주의의 뿌리를 든든히 하기 위해 노력하고 있는가? 공정성은 무엇으로 확보할 수 있는가? 정당인가, 국회인가, 헌법인가?

앞서 살펴본 것과 같이 피지의 쿠데타는 가장 최근에 발생한 2006년 쿠데타를 제외하고 모두 일부 원주민의 정치경제적 이권을 보호하기 위한 극단적 인종정치의 소산이다. 물론 쿠데타의 역동 속에서 족장 간의 대립과 원주민 중산층 내부의 권력암투가 드러났고, 그 때문에 족장의 전통적 헤게모니 네트워크가 크게 약화되었다. 또 잦은 헌정질서의 변동은 군부의 정치적 태도에 적지 않은 변화를 가져왔다. 오늘날 군부는 적어도 표면적으로는 족장이나 원주민의 이해관계를 대변하지 않는다. 이러한 군부의 태도 변화는 족장의 패권이 붕괴되는 현실 속에서 극단적 인종주의세력보다는 온건세력과 손을 잡는 것이 유리하다는 판단에 따른 것이라고 볼 수 있다.

물론 현재 음바이니마라마 총리는 결코 해결하기 쉽지 않은 정치적 문제들에 당면해 있다. 쿠데타로 훼손된 헌정질서를 회복하라는 시민사회의 목소리가 점차 커지고 있으며, 2000년 스페이트 쿠데타 가담자들에 대한 조사재개를 촉구하는 정치적 압박이 드세지고 있다. 역사적으로 피지 민주주의의 힘은 시민사회로부터 나왔으며, 오늘날에도 수많은 시민단체들이 민주적인 정치공간을 확보하기 위해 단합하고 있다. 이러한 맥락에서 인종국수주의 정부를 축출한 음바이니마라마의 쿠데타는 사실 시민들이 유도한 것이라 보아도 무리가 아니다. 더 나아가 이들이 군의 비합법적 정치개입을 더 이상 용인하지 않으리라는 것도 명백하다. 민주주의는 정치지도자들에 의해 '위로부터' 강요될 수 없다. 민주주의는 보통 사람이 주체가 될 때 성공할 가능성이 높다.

피지가 적어도 겉으로는 민주주의 국가인 것은 영국 식민정부가 무식한 피지 사람에게 민주주의 교육을 시켰기 때문이 아니다. 피지 국민 스스로 억압과 착취를 벗어나 사람답게 살려는 열망이 아주 조금씩 커졌기 때문이다. 사람답게 살고자 하는 열망은 배웠든 못 배웠든, 멋진 빌라에서 살든 초라한 부레*bure*에서 살든, 한국인이든 피지인이든 모두 마찬가지다. 이러한 열망을 결집해 커다란 사회적 물결, 시민사회의 위대한 힘이 형성될 때 민주주의는 꽃을 피운다. 가까이는 봉건적 바쿠후[幕府]를 조금씩 무너뜨린 하층민인 조닌[町 人]이 일본 민주주의의 바탕이 되었고, 멀리는 절대왕조를 타도한 영국 부르주아가 오늘날 의회민주주의의 꽃인 웨스트민스터 모델 을 만들었다. 민주주의는 시민사회의 힘으로만 이뤄 낼 수 있다. 피지 정치의 미래를 낙관적으로 보는 이유는 바로 가난하지만 사 람답게 살려는 열망을 가진 피지 사람들의 힘을 믿기 때문이다.

부레

참고문헌

V. Naidu · 김웅진 (2009). "피지의 쿠데타 정치: 다인종민주주의 – 인종 국수주의의 진자(振子)." 『국제지역연구』 12:4.

이태주 (2000). "멜라네시아 토지 공동체주의와 전통의 정치." 『한국문화인류학』 33:1.

______ (2002). "피지의 양고나(yaqona) 마시기 일상의례와 정치과정: 마을과 국가수준의 정치담론과 의례정치." 『한국문화인류학』 35:2.

______ (2003). "남태평양 원주민 민족주의와 종족정치 – 인도계 피지인과 원주민들간의 종족갈등 사례를 중심으로." 『국제지역연구』 7:3.

Crocombe, R.(2008). *The South Pacific*. Suva, Fiji: IPS Publications, University of the South Pacific.

Donnelly, T. A., Quanchi, M. and Kerr, G. J. A.(1994). *Fiji in the Pacific*. Milton, Australia: John Wiley & Sons Australia.

Durutalo, A. (2006). "Fiji: party politics in the post – independence period," in R. Rich, *et al*., eds., *Political Parties in the Pacific Islands*. Canberra, Australia: Pandanus Books, ANU.

Forbes, L. (1875). *Two Years in Fiji*. London: Longmans, Green and Co. [reproduced by BiblioBazzar, Charleston, SC].

Lawson, S. (1991). *The Failure of Democratic Politics in Fiji*. New York and Oxford: Clarendon Press and Oxford University Press.

Lal, B. V., ed. (2000). *Before the Storm: Elections and Politics of Development*. Canberra, Australia: Asia Pacific Press.

____________ (2006). *Islands of Turmoil, Elections and Politics in Fiji*. Canberra, Australia: ANU E Press and Asia Pacific Press.

____________ and Vakatora, T. (1997). *Fiji in Transition: Research Papers of the Fiji Constitutional Review Commission*, Vol. 2. Suva, Fiji: School of Social and Economic Development, University of the South Pacific.

Naidu, V. (2007). "Coups in Fiji: Seesawing democratic multiracialism and ethno – nationalist extremism." *Pacific Connection* 26.

Nordhoff, C. and Hall, J. N. (2003). *Mutiny on the Bounty*. Boston · New York · London: Back Bay Books of Little, Brown and Co.

__________________________ (2003). *Men Against the Sea*. Boston · New York · London: Back Bay Books of Little, Brown and Co.

Robertson, R. T. and Tamanisau, A. (1988). *Fiji: Shattered Coups*. Annandale, Australia: Pluto Press.

_____________ and Sutherland, W. (2001). *Government by the Gun: The Unfinished Business of Fiji's 2000 Coup*. Annandale, Australia: Pluto Press.

Sharpham, J. (2000). *Rabuka of Fiji*. Rockhampton, Australia: Central Queensland University Press.

Tarte, S. (2008). "Reflections on Fiji's 'Coup Culture'," in S. Firth, *et al. The 2006 Military Takeover in Fiji: A Coup to End all Coups*. Canberra, Australia: ANU E Press.

http://www.elections.gov.fj/parties.html
http://www.elections.gov.fj/results2006.html
http://en.wikipedia.org/wiki/Elections_in_Fiji
http://en.wikipedia.org/wiki/Fiji_Election_(2001)

부 록

1. 피지 연표

1500 B.C.	폴리네시언Polynesian이 피지 군도로 들어옴.
900 – 600 B.C.	모투리키Moturiki 섬에 폴리네시언 정착.
500 B.C.	멜라네시언Melanesians이 들어와 이미 정착한 폴리네시언과 섞여 오늘날 피지인의 원조가 됨.
1643	네덜란드 탐험가 타스만Abel Tasman이 바누아 레부Vanua Levu 섬과 타베우니 Taveuni 섬 북단을 최초로 관측.
1774	영국 탐험가 쿡 선장Captain James Cook이 라우 군도Lau Archipelago 남단 바토 아Vatoa 방문.
1789	선상 반란으로 인해 영국 상선 바운티 호HMS Bounty로부터 쫓겨난 블라이 선장 Captain William Bligh이 자신을 따르는 선원들을 쪽배에 태워 바타비아Batavia로 가 던 중 비티 레부Viti Levu 섬과 바누아 레부 섬 가운데 위치한 야사와 군도 Yasawas를 지나감.
1822	비티 레부 서편 오발라우Ovalau 섬의 레부카Levuka에 최초의 유럽인 정착촌 건설.
1830	최초의 기독교 선교사들이 타히티Tahiti로부터 라우 군도 남부로 건너옴.
1835	감리교 선교사들이 라켐바Lakeba에 도착.
1840	윌키스Charles Wilkes 선장이 이끈 최초의 미국 탐험대 도착.
1847	통아Tonga의 마푸Enele Ma'afu 왕자가 라우를 침공, 1848년 라켐바에 통치기반 구축.
1853	음바우Bau의 부니발루(*Vunivalu*, 수뇌족장) 다콤바우Seru Epenisa Cakobau가 스스로 를 투이 비티(*Tui Viti*, 피지 왕)로 선언.
1854	다콤바우 왕 기독교로 개종.
1855	다콤바우 왕이 레와 반란Rewa revolt을 진압.
	미국 초대 영사 윌리엄즈의 저택이 원주민에 의해 약탈되자 미 해군함정 존 애덤 즈USS John Adams 호 도착, $44,000에 달하는 보상금을 요구하며 일부 섬을 담 보로 강점.
	최초의 영국 영사 도착.

1855	미 해군함정 밴달리아USS Vandalia 호가 도착하여 위협. 이에 다콤바우 왕이 영국에게 미국에 진 빚을 대신 갚아 줄 경우 피지 영토를 이양하겠다 제의.
1862	영국은 다콤바우가 모든 족장들에 의해 피지 왕으로 인정되지 않았기 때문에 피지를 양도할 권한이 없다 주장하며 영토이양 제의 거부.
1867	미 해군함정이 레부카 포격 위협. 유럽인 정착민이 다콤바우를 음바우 왕으로 추대.
1868	오스트레일리아에 본부를 둔 폴리네시언 컴퍼니Polynesian Company가 다콤바우의 빚(미국에 대한 보상금)을 대납하겠다 약속하고 그 대가로 수바Suva 인근의 토지를 얻음.
1871	다콤바우를 왕으로 한 입헌군주국(피지 왕국, Kingdom of Fiji) 공식 출범. 실제 권력은 오스트레일리아 정착민들로 구성된 내각과 의회의 손에 들어감.
1872	방만한 재정운영이 부채를 증대시킴. 다콤바우 왕의 수석보좌관 써스턴 John B. Thurston이 영국 정부와 접촉, 피지의 영국 이양 재추진.
1874	10월 10일 양여각서Deed of Concession에 양국이 서명. 영국 식민지가 됨.
1875	초대 고든 총독Sir Arthur Gordon, 입법위원회Legislative Council 창설(식민의회에 해당).
	홍역 창궐. 인구의 1/3 사망.
1876	고든 총독, 족장대평의회*Bose Levu Vakaturaga*(Great Council of Chiefs) 창설(원주민에 대한 간접통치기구).
1879	최초의 인도인 계약노동자 도착(463명). 이후 37년에 걸쳐 총 61,000명 유입.
1881	나우소리Nausori에 최초의 대규모 제당공장 건설.
	로투마Rotuma 섬 피지영토로 편입.
1882	수도를 레부카로부터 비티 레부 섬 남서부 수바로 이전.
1904	총 19석의 입법위원회 의석 가운데 6석이 임명직에서 선출직으로 전환(유럽인 남성에 한해 선거권 부여).
1916	인도인 계약노동자 유입 종료.
	입법위원회 의석 증가(총 21석).
1917	최초의 인도 – 피지언Indo – Fijian 입법위원 탄생(Badri Maharaj, 총독 지명직).
1918	스페인 독감Spanish flu 창궐, 단지 16일 사이에 인구의 14% 사망.
1929	인도 – 피지언들 입법위원회 위원 선거권과 피선거권 획득.
	입법위원회 확대 재구성(총 26석).
	입법위원회 위원 선거에 인종투표방식 채택. 유럽인과 인도 – 피지언 위원은 별도의 인종명부communal roll로부터 선출.
1930	난디Nadi 국제공항 개항
1940	국토신탁국Native Land Trust 설치.
1953	엘리자베스 2세 영국 여왕Queen Elizabeth II 방문.
	입법위원회 의석 증가.
1963	피지 원주민 선거권 획득. 입법위원회 내 일부 원주민 의석을 선출직으로 전환.
1964	Member System 도입. 입법위원회 위원들이 식민정부 일부 부처 장관이 됨(내각책임제 정부의 기반 구축).

1965	헌법회의, 식민자치정부의 수립 일정 확정.
1967	내각책임제형 식민자치정부 구성. 마라*Ratu* Kamisese Mara가 수석장관Chief Minister 취임.
1968	수바에 University of the South Pacific 개교.
1970	4월 헌법회의 개최(런던), 피지 독립에 합의. 10월 10일 독립 독립헌법Independence Constitution 선포
1972	독립 후 최초로 치러진 하원의원 총선에서 원주민 정당 국가동맹당National Alliance Party 승리.
1973	제당산업 국유화.
1977	헌정위기 발생. 4월 총선에서 승리한 인도 – 피지언 정당 국민연합당National Federation Party이 정부 구성을 두고 내분에 빠지자 다콤바우George Cakobau 총독이 총선 결과를 무시하고 패배한 국가동맹당 소속 전 총리 마라를 총리에 임명. 9월, 뒤따른 정치적 난국을 타개하기 위해 총선 재실시. 국가동맹당 압승.
1978	레바논에 평화유지군 파병.
1981	시나이 반도에 평화유지군 파병.
1987	총선에서 피지노동당Fiji Labour Party – 국민연합당 연합 승리. 바반드라Tomici Bavadra 총리 취임. 5월 14일 람부카Sitiveni Rabuka 중령이 주도한 1차 군부 쿠데타 발생, 연합정부 축출, 국가동맹당과 연합세력이 정치권력 탈환. 9월 25일 1차 쿠데타에 대한 저항운동이 조직화되자 2차 군부 쿠데타 발생(람부카 주도), 독립헌법(1970 헌법) 폐지. 10월 7일 공화국 선포, 영연방에서 축출됨. 12월 5일, 람부카가 은가닐라우*Ratu* Sir Penaia Ganilau를 피지 초대 대통령으로 임명.
1990	원주민의 정치적 우위를 보장하는 신헌법 공포. 인종차별에 저항하는 Group Against Racial Discrimination(GARD) 결성, 신헌법에 반대하며 1970년 헌법으로의 복귀운동 전개.
1992	신헌법에 따라 총선 실시. 피지당*Soqosoqo ni Vakavulewa ni Taueki* 후보로 출마한 람부카, 총리에 취임.
1994	람부카, 총선 결과 과반수 의석을 얻지 못하자 야당과 정치협상 시작.
1995	헌법심의위원회Constitutional Review Commission 설치.
1997	여야 협상을 통해 신헌법 공포, 피지, 영연방에 재가입.
1999	신헌법에 따라 총선 실시, 인도 – 피지언 당인 피지노동당 당수 초드리Mahendra Chaudhry가 이끈 시민연합People's Coalition 승리. 초드리는 피지 최초의 인도 – 피지언 총리가 됨.
2000	5월 19일 스페이트George Speight가 주도한 쿠데타 발생, 의회에 진입하여 초드리 연합정부 각료들을 인질로 잡음. 원주민 시위대 수바의 인도 – 피지언 점포 약탈, 지방의 인도 – 피지언 커뮤티니 공격.

2000	5월 29일 음바이니마라마 제독Commodore Frank Bainimarama이 정부장악, 헌법 폐지 선언. 군부와 쿠데타 주모자들 간의 협상 진행.
	7월 13일 인질 석방. 군부와 족장대평의회, 임시정부 구성. 응가라세Lasenia Qarase를 임시총리, 부통령 일로일로Josefa Iloilo를 대통령에 임명.
	7월 27일, 스페이트와 쿠데타 주모자들 체포.
	11월 2일, 수바의 퀸 엘리자베스 병영Queen Elizabeth Barracks에서 반란 발생.
2001	9월, 민주주의 복원을 위한 총선 실시. 응가라세의 통합피지당*Soqosoqo Duavata ni Lewenivanua* 승리. 응가라세는 헌법의 권력분점 조항을 무시하고 스페이트의 보수연합당*Matanitu Vanua*과 연합, 인종국수주의 정부 수립
2005	응가라세 정부, 광범위한 정치적 반대에도 불구하고 2000년 쿠데타 주역들의 사면과 피해자들에 대한 보상권고권을 행사할 수 있는 화해와 통합위원회Reconciliation and Unity Commission 설치 제안.
2006	8월 총선에서 통합피지당 신승. 피지노동당과 연합정부를 구성하여 화해, 관용 및 통합법안Promotion of Reconciliation, Tolerance and Unity Bill 등 반동적 인종국수주의 법안 추진. 군부의 위협 증대.
	12월, 음바이니마라마의 군부 쿠데타 발생. 응가라세 정부와 일로일로 대통령 축출. 음바이니마라마가 임시대통령에 취임.
2007	1월, 일로일로 대통령 복권. 일로일로 대통령은 음바이니마라마의 쿠데타를 추인하고 그를 임시정부 총리에 임명.
	4월, 고등법원이 쿠데타를 불법으로 판결하자 음바이니마라마 임시정부 총리와 내각이 물러남.
	10월, 일로일로 대통령이 헌법을 철폐하고 모든 권력을 장악. 그간 내려진 모든 법적 판결을 무효화하고 음바이니마라마를 총리로 재임명.
2008	9월, 영연방 복귀

2. 피지의 총리

성 명	소속당	재임기간
마라*Ratu* Sir Kamisese Mara	국가동맹당National Alliance Party	1967. 9. 20~1987. 4. 13
바반드라Timoci Bavadra	피지노동당Fiji Labour Party	1987. 4. 13~1987. 5. 13
공석 * 람부카의 쿠데타		1987. 5. 14~1981. 12. 5
마라*Ratu* Sir Kamisese Mara	소속 없음	1987. 12. 5~1992. 6. 2
람부카Sitiveni Rabuka	피지당*Soqosoqo ni Vakavulewa ni Taueki*	1992. 6. 2~1999. 5. 19
초드리Mahendra Chaudhry	피지노동당Fiji Labour Party	1999. 5. 19~2000. 5. 27
모모에도누*Ratu* Tevita Momoedonu * 헌법규정에 따라 마라 대통령에게 전권을 부여하기 위해 임명되었으나 몇 분후 절차가 끝나자 즉시 사임	피지노동당Fiji Labour Party	2000. 5. 27~2000. 5. 27
공석 * 스페이트의 쿠데타		2000. 5. 27~2000. 7. 4
응가라세Laisenia Qarase	소속 없음	2000. 7. 4~2001. 3. 14
응가라세Laisenia Qarase	통합피지당*Soqosoqo Duavata ni Lewenivanua*	2001. 3. 16~2006. 12. 5
세닐라강칼리Jona Senilagakali * 쿠데타를 주도한 음바이니마라마에 의해 임명	소속 없음	2006. 12. 5~2007. 1. 4
음바이니마라마Commodore Frank Bainimarama	소속 없음	2007. 1. 5~2009. 4. 10
1일간 공석 * 고등법원의 쿠데타 불법판결에 따라 음바이니마라마 사임	소속 없음	2009. 4. 10~2009. 4. 11
음바이니마라마Commodore Frank Bainimarama	소속 없음	2009. 4. 20~현재

* *Ratu*: (수뇌)족장

3. 피지의 대통령

성 명	집권기간	직위
람부카* Major–General Sitiveni Rabuka	1987. 10. 7~1987. 12. 5	임시 쿠데타 정권 수반
은가닐라우 *Ratu* Sir Penaia Ganilau	1987. 12. 5~1993. 12. 15	대통령
마라 *Ratu* Sir Kamisese Mara	1993. 12. 15~2000. 5. 29	대통령
음바이니마라마* Commodore Frank Bainimarama	2000. 5. 29~ 2000. 7. 13	임시 쿠데타 정권 수반
일로일로 *Ratu* Josefa Iloilo	2000. 7. 13~2006. 12. 5	대통령
음바이니마라마* Commodore Frank Bainimarama	2006. 12. 5~2007. 1. 4	임시 쿠데타 정권 수반
일로일로 *Ratu* Josefa Iloilo	2007. 1. 4~현재	대통령

* 정식 대통령이 아닌 임시정권 수반
** *Ratu*: (수뇌)족장

4. 피지의 정당(2008)

(1) 원내 정당(하원)

정당명	정치적 특성	주요 인물
Fiji Labour Party(FLP, 피지노동당)	• 인도 − 피지언 정당 • 2006년 총선에서 31석 획득(의석점유율: 43.7%)	• Mahendra Chaudhry(당수)
Soqosoqo Duavata ni Lewe-nivanua(SDL, 통합피지당)	• 원주민 정당 • 2006년 총선에서 36석 획득(의석점유율: 50.7%)	• Laisenia Qarase(당수)
United Peoples Party(UPP, 인민 연합당)	• 유럽인, 중국인, 기타 소수 인종 대표 • 2006년 총선에서 2석 획득(의석점유율: 0.3%).	• Mick Beddoes(당수)

(2) 원외 정당

정당명	정치적 특성	주요 인물
Coalition of Independent Nationals	• 1999년 총선에서 6명의 무소속 후보들이 결성	• Vyas M. Lakshman(지도자)
Dodonu ni Taukei(DNT)	• 원주민 정당	• Fereti S. Dewa(당수)
Matanitu Vanua(CMV)	• 2001년 SVT로부터 갈라져 나온 인종국수주의(원주민) 정당 • 2006년 SDL과 합당, 2008년 재분리	• 1990년 쿠데타 주모자 George Speight
Soqosoqo ni Vakavulewa ni Taukei(SVT)	• 원주민 인종국수주의 정당 • 1992년~1999년 여당 • 2001년 총선에서 의석 완전 상실	• 1987년 군부 쿠데타의 주역이자 총리(1992~1999) Sitiveni Rabuka
Girmit Heritage Party(GHP)	• 소규모 인도-피지언 정당	• Beni Sami(당수)
Green Party of Fiji	• 2008년 창당 • 환경보호, 사회정의, 비폭력 지향	• Bernadette Ganilau (창당주역)
Justice and Freedom Party(AIM)	• 2000년 창당 • 인도-피지언 이익증진 지향 • 2006년 4월 NAPF와 합당 결정	• Dildar Shah(당수)
Lio 'On Famor Rotuma Party(LFR)	• 로투마 섬 거주민 대표	• Sakumanu Pene(당수)

정당명	정치적 특성	주요 인물
National Alliance Party of Fiji(NAPF)	• 1967~1987 여당이었던 원주민 인종국수주의 정당 NAP의 후신 • 2005년 등록	• Epeli Ganilau(당수)
National Federation Party(NFP)	• 1994년 총선까지 NAP와 SVT에 대항한 주요 인도-피지언 정당 • 1987 총선 후 출범한 FLP와 연합정부 구성, 람부카의 쿠데타로 붕괴	• A. D. Patel(창당주역) • Siddiq Kya(전 당수) • Dorsami Naidu(당수)
Nationalist *Vanua Tako Lavo Party*(NVTLP)	• 극단적 인종국수주의 원주민 정당 • 1990년 전 NAP 각료 S. Butadroka에 의해 창당	• Iliesa Duvuloco(실질적 지도자) • Viliame Savu(당수)
New Nationalist Party	• NVTLP로부터 분당	• Sula Telawa(당수)
Party of National Unity(PANU)	• PNP와 합당 후 분리 재결성	• Sairusi Gagakova(창당주역)
People's National Party(PNP)	• 원주민 정당 • PANU와 *Ratu* Tevita Momoedonu가 창당한 *Baikei Viti*(Proctor of Fiji)의 연합체	• Meli Bogileka(당수)
Social Liberal Multicultural Party		• Joketani Delai

5. 하원의원 총선결과: 정당별 획득 의석수, 1966 ~ 2006

※ 1966: 입법위원회(Legislative Council)위원 총선(독립 이전)

※ * 표시된 정당은 2008년 현재 원내정당

정 당	1966	1972	03 / 1977	09 / 1977	1982	1987	1992	1994	1999	2001	2006
All Nationals Congress Party	–	–	–	–	–	–	1	1	–	–	–
Christian Democratic Alliance	–	–	–	–	–	–	–	–	3	0	–
Conservative Alliance	–	–	–	–	–	–	–	–	–	6	–
National Alliance Party	27	33	24	36	28	24	–	–	–	–	–
Fijian Alliance Party	–	–	–	–	–	–	–	5	11	0	–
Fijian Nationalist Party	–	–	1	–	–	–	2	–	–	–	–
Soqosoqo Ni Vakavuela Ni Taukei Party(SVT)	–	–	–	–	–	–	36	33	8	0	0
Fiji Labour Party(FLP) *	–	–	–	–	–	–	13	7	37	28	31
General Voters Party	–	–	–	–	–	–	4	4	–	–	–
National Federation Party (NFP)	9	19	26	15	22	–	14	20	0	0	0
NFP/FLP Coalition	–	–	–	–	–	28	–	–	–	–	–
Nationalist Vanua Tako Levu Party(NVTLP)	–	–	–	–	–	–	–	–	1	0	0
New Labour Unity Party	–	–	–	–	–	–	–	–	–	2	–
Party of National Unity (PANU)	–	–	–	–	–	–	–	–	4	0	0
United Peoples Party (UPP) *	–	–	–	–	–	–	–	–	2	1	2
Western United Front	–	–	–	–	2	–	–	–	–	–	–
Soqosoqo Duavata Ni Lewenivanua(SDL) *	–	–	–	–	–	–	–	–	–	32	36
무소속(Independents)	–	–	1	–	–	–	–	–	5	2	2
합계	36	52	52	52	52	52	70	70	71	71	71

• 출처: http://en.wikipedia.org/wiki/Elections in Fiji

6. 주요 도시

(1) VITI LEVU[비티 레부]

도시명 / 위치	특 성
Suva[수바] − 남동해안	• 수도 − 정치·경제·문화 중심지. − 피지 최대 항구. − 호주, 뉴질런드를 제외한 남태평양 지역 최대 도시. − 인구 약 86,000명.
Lautoka[라우토카] − 북서해안, Nadi 북부24km	• 제2도시 / 제2항구 − 사탕수수 재배 중심지: 'Sugar City' − 인구 약 52,000명.
Nadi[난디] − 서해안중앙부	• 관광 / 상업 도시 − 국제공항Nadi International Airport. − 데나라우 항Port Denarau: Mamanuca Group(마마누다 군도), Yasawa Group(야사와 군도) 등 도서 리조트 행 관광선 출발지. − 힌두교 / 이슬람교 중심지: 다수의 인도 − 피지언 거주. − 인구 약 42,000명
Sigatoka[싱아토카] − 남서해안, Nadi 남동 69km	• 교육도시 / 자연관광지 − 모래언덕sand dunes. − Yellow Sigatoga Disease(1912~1923 바나나 플란테이션을 휩쓴 진균류 감염 전염병) 발생지. − 인구 약 8,000명.
Nausori[나우소리] − 남동해안, Suva 동북부 19km	• Suva 인근 국제공항Nausori International Airport / 주요 고고학적 발굴지 − 1250~1560 존재한 원주민촌락 / 요새 발굴. − 인구 약 48,000명.

(2) VANUALEVU[바누아 레부]

도시명 / 위치	특 성
Labasa[람바사] – 북부 해안 중앙부	• 바누아 레부 최대 도시 – '사탕수수 지역'에 위치. 제당업(해외시장 축소로 사양길). – '바누아 레부 유일의 신호등'이 있음. 가끔 작동! – 인구 약 28,000명
Savusavu[사부사부] – 남부 해안 중앙부 SavusavuBay 우측	• '피지의 감추어진 천국Hidden Paradise of Fiji' – 관광지역(온천. 스쿠바 다이빙. 요트)으로 부상 중. – 코프라(copra, 말린 코코넛) 제조 중심지. – 백단sandalwood, 해삼beche – de – mer, 코프라 교역지로 출발. – 인구 약 3,400명.

7. 간단한 피지어

사용장소	피지어 표기	의 미	발 음
간단한 인사	*Bula*	안녕	음불라
	Nibula	안녕하세요	님불라
	Ni sa moce	저녁인사	니 사 모데이
	Ni sa yadra	아침인사	니 사 얀드라
	Vinaka	고맙습니다, 좋습니다	비나카
	Vinaka vaka levu	정말 고맙습니다	비나카 바카 레이부
식당	*Khana bahut acca hai*	음식이 맛있어요	카나 바후트 아크카 하이
	Thora Thora	조금만	토라 토라
	Bas	충분해요 / 그만	바스
	Khalas	식사 끝났어요 / 다 먹었어요	칼라스
	Pet bhar gaya	배불러요	페트 바하르 가야
	Nasa ho gaya	취했어요	나다 호 가야
가게	*Kitna dam hai*	이것 얼마입니까?	키트나 담 하이
	bahut mahaga	너무 비싸요	바후트 마한가
	Khali dekhta	그냥 둘러보는 중입니다	칼리 데크타
	Aur kamti	조금 더 깎아 주세요 *인도 – 피지언 가게에서는 절대 통하지 않음. 원주민 가게에서만 사용 가능	아우르 캄티
	Huwa sasta mili	저기서 더 싸게 팔아요	후와 사스타 밀리

백단 48, 49, 50, 54, 55, 69, 166
베슈 드 메르 50, 51, 52
베이커 목사 82, 85
보모 섬 14
보수연합당 141, 158
부타드로카 125, 127
불리 16, 25, 101, 103
블라이 선장 44, 47, 155
블랙버더 89, 90, 91, 92, 93
비쉬누 데오 109
비치코머 54, 55, 68
비티 레부 30, 31, 46, 67, 68, 70, 99,
    108, 155, 156, 165

(ㅅ)
사훌 25, 26
살인자의 만 38
선교사 37, 54, 56, 58, 59, 69, 71,
    78, 82, 90, 155
셰퍼드 경 116
솔로몬 제도 22, 26, 27, 29
수바 14, 15, 16, 19, 46, 55, 84, 109,
    137, 140, 144, 147, 148, 156,
    157, 158, 165
수쿠나 경 103, 110
스마이드 77, 78, 79
스완스턴 80, 81, 86
스페이트 134, 136, 137, 138, 139,
    141, 143, 151, 157, 158, 159
시민연합 134, 136, 157
싱아토카 82, 83, 99, 165
써스턴 64, 65, 84, 85, 88, 93, 94,
    95, 96, 98, 156

(ㅇ)
애덤즈 호 74
야부사 33, 34, 65
야사와 군도 46, 71, 155, 165
양여각서 112, 156

어장법안 143
오스트레일리아 13, 25, 26, 38, 51,
    54, 62, 63, 76, 77, 78, 92, 95,
    99, 105, 107, 120, 123, 125,
    128, 129, 136, 144, 156
오스트레일리아 식민제당회사(CSR)
    105, 120
웨스트민스터 모델 17, 152
윌리엄즈 73, 155
윌키스 제독 60, 61, 68
은가닐라우 125, 131, 157, 160
음바우 왕국 81, 82, 83
음바이니마라마 138, 139, 140, 141,
    142, 143, 145, 147, 151, 158,
    159, 160
응가라세 23, 138, 139, 140, 141,
    142, 143, 158
응가리카우 136
이 토카토카 32, 34, 65
이양각서 96
인종정치 18, 106, 110, 130, 132,
    148, 149, 150
인종집착 112, 122, 130
인종투표 17, 111, 112, 113, 117,
    122, 123, 132
일로일로 23, 138, 144, 145, 158, 160
입법위원회 98, 102, 108, 109, 110,
    112, 113, 115, 116, 117, 122,
    123, 128, 156, 164

(ㅈ)
자유투표 17, 112, 113, 117, 132
제이헨 호 38
제임스 쿡 16, 39
족장 15, 17, 18, 23, 32, 33, 50, 56,
    58, 59, 61, 66, 67, 71, 72, 76,
    80, 81, 85, 86, 88, 89, 90, 96,
    97, 99, 102, 115, 119, 120,
    121, 123, 127, 130, 133, 134,

김웅진 ——

▌약 력

한국외국어대학교 정치외교학과를 졸업하고 미국 University of Cincinnati에서 정치학 박사학위를 받았다. 전공분야는 정치학연구방법론과 사회과학철학. 현재 한국외국어대학교 정치외교학과 교수로 재직하면서 서울 소재 비교민주주의연구센터를 운영 중이다.

영국 University of Exeter 정치학과에서 Leverhulme Fellow의 자격으로 1년간 강의했으며, 피지의 University of the South Pacific, 미국 University of Cincinnati에 Visiting Scholar로 체류하며 연구와 특강을 진행했다.

한국외국어대학교 사회과학대학 학장, 한국정치학회 연구이사 및 편집이사, 한국국제정치학회 출판이사를 역임했으며,

『신화와 성화: 과학방법론의 패권정치(2001)』,

『비교지역연구전략(2003)』,

『정치학연구방법론(2005)』

『과학패권과 과학민주주의(2009, 근간)』

등 여러 권의 단독저서와 공동저서가 있다.

초판인쇄 | 2009년 9월 14일
초판발행 | 2009년 9월 14일

지은이 | 김웅진
펴낸이 | 채종준
펴낸곳 | 한국학술정보㈜
주 소 | 경기도 파주시 교하읍 문발리 파주출판문화정보산업단지 513-5
전 화 | 031) 908-3181(대표)
팩 스 | 031) 908-3189
홈페이지 | http://www.kstudy.com
E-mail | 출판사업부 publish@kstudy.com

등 록 | 제일산-115호(2000. 6. 19)
가 격 26,000원

ISBN   [illegible](Paper Book)
       978-89-268-0294-6 08340(e-Book)

이담 Books 는 한국학술정보(주)의 지식실용서 브랜드입니다.